大学生劳动教育理论与实践探究

洪志华　著

中华工商联合出版社

图书在版编目（CIP）数据

大学生劳动教育理论与实践探究/洪志华著 . —北京：中华工商联合出版社，2022. 6
ISBN 978-7-5158-3499-3

Ⅰ.①大… Ⅱ.①洪… Ⅲ.①高等学校—劳动教育—教育理论—研究—中国 Ⅳ.①G40-015

中国版本图书馆 CIP 数据核字（2022）第 108058 号

大学生劳动教育理论与实践探究

作　　者：洪志华
出 品 人：刘　刚
责任编辑：于建廷　臧赞杰
封面设计：十　一
责任审读：傅德华
责任印制：迈致红
出版发行：中华工商联合出版社有限责任公司
印　　刷：北京毅峰迅捷印刷有限公司
版　　次：2024 年 1 月第 1 版
印　　次：2024 年 1 月第 1 次印刷
开　　本：710mm×1000 mm　1/16
字　　数：240 千字
印　　张：11.75
书　　号：ISBN 978-7-5158-3499-3
定　　价：58.00 元

服务热线：010-58301130-0（前台）
销售热线：010-58301132（发行部）
　　　　　010-58302977（网络部）
　　　　　010-58302837（馆配部、新媒体部）
　　　　　010-58302813（团购部）
地址邮编：北京市西城区西环广场 A 座
　　　　　19-20 层，100044
http://www.chgslcbs.cn
投稿热线：010-58302907（总编室）
投稿邮箱：1621239583@qq.com

前 言
PREFACE

大学是青年扣好人生扣子的关键时期，加强劳动教育，引导大学生勤勉学习，节俭生活，坚持以德为先，把劳动教育融入全面素质的提升，是大学为党育人、为国育人的初心和使命。新时代劳动教育，要使学生理解和形成马克思主义劳动观，树立劳动最光荣、劳动最崇高、劳动最伟大、劳动最美丽的观念；体会劳动创造美好生活，体认劳动不分贵贱，热爱劳动，尊重普通劳动者，培养勤俭、奋斗、创新、奉献的劳动精神；具备满足生存发展需要的基本劳动能力，形成良好劳动习惯。爱劳动、会劳动能够促进学习，有助于人的全面协调发展。

本书围绕大学生劳动教育理论与实践进行编写，主要由八章的内容组成。第一章是劳动教育研究，主要包括劳动和劳动教育概述、新时代劳动教育概述、大学生劳动教育的基本内涵；第二章是大学生劳动教育价值观的培养，主要包括劳动价值观概述、新时代劳动价值观的内涵与发展、培养新时代劳动价值观；第三章是大学生劳动情怀的涵育，主要包括劳动情怀的内涵、大学生劳动情怀的维度与价值意蕴、大学生劳动情怀的培育；第四章是大学生劳动素养与劳动品德的培养，主要包括劳动素养概述、劳动品德的内涵、大学生劳动品德的涵养、大学生群体常见的劳动品德问题、树立正确的劳动态度；第五章是大学生劳动精神的弘扬，主要包括劳动精神概述、劳动精神的特征、新时代劳动精神的践行；第六章是大学生工匠精神的培育，主要包括工匠精神概述、工匠精神的当代价值、工匠精神的传承、培养大学生的工匠精神；第七章是大学生劳动权益的维护，主要包括劳动权益的基本内涵、大学生劳动权益的主要内容、合法劳动意识的培养；第八章是大学生劳动安全教育与劳动实践的开展，主要包括大学生劳动安全教育、大学生劳动实践的意义和基本原则、大学生劳动实践的具体形式、大学生劳动实践安全分析等。

在编写过程中，笔者查阅了大学生劳动教育方面的文字资料，吸收借鉴了相关的研究成果，并且得到了同事亲朋的鼎力相助，在此深表谢意。尽管笔者在写作过程中力求完美，但不足之处仍然在所难免，恳请广大读者批评指正。

作　者

2022 年 6 月

目录
CONTENTS

第一章　劳动教育研究 ………………………………………………… 1

　第一节　劳动和劳动教育概述 ………………………………………… 1

　第二节　新时代劳动教育概述 ……………………………………… 12

　第三节　大学生劳动教育的基本内涵 ……………………………… 23

第二章　大学生劳动价值观的培养 ………………………………… 26

　第一节　劳动价值观概述 …………………………………………… 26

　第二节　新时代劳动价值观的内涵与发展 ………………………… 30

　第三节　培养新时代劳动价值观 …………………………………… 41

第三章　大学生劳动情怀的涵育 …………………………………… 45

　第一节　劳动情怀的内涵 …………………………………………… 45

　第二节　大学生劳动情怀的维度与价值意蕴 ……………………… 51

　第三节　大学生劳动情怀的培育 …………………………………… 56

第四章　大学生劳动素养与劳动品德的培养 ……………………… 60

　第一节　劳动素养概述 ……………………………………………… 60

　第二节　劳动品德的内涵 …………………………………………… 68

　第三节　大学生劳动品德的涵养 …………………………………… 73

　第四节　大学生群体常见的劳动品德问题 ………………………… 76

　第五节　树立正确的劳动态度 ……………………………………… 82

第五章　大学生劳动精神的弘扬 …………………………………… 93

　第一节　劳动精神概述 ……………………………………………… 93

　第二节　劳动精神的特征 …………………………………………… 97

　第三节　新时代劳动精神的践行 ………………………………… 104

第六章　大学生工匠精神的培育 ·············· 112

　　第一节　工匠精神概述 ·············· 112

　　第二节　工匠精神的当代价值 ·············· 120

　　第三节　工匠精神的传承 ·············· 124

　　第四节　培养大学生的工匠精神 ·············· 131

第七章　大学生劳动权益的维护 ·············· 140

　　第一节　劳动权益的基本内涵 ·············· 140

　　第二节　大学生劳动权益的主要内容 ·············· 144

　　第三节　合法劳动意识的培养 ·············· 147

第八章　大学生劳动安全教育与劳动实践的开展 ·············· 150

　　第一节　大学生劳动安全教育 ·············· 150

　　第二节　大学生劳动实践的意义和基本原则 ·············· 153

　　第三节　大学生劳动实践的具体形式 ·············· 157

　　第四节　大学生劳动实践安全分析 ·············· 169

参考文献 ·············· 174

第一章
劳动教育研究

第一节　劳动和劳动教育概述

马克思认为，整个人类和社会的发展，都是人类在共同劳动当中发挥主观能动性、改造客观世界而形成的。首先，劳动创造了人，是劳动把人从自然界中分化和提升出来；其次，人们在劳动中推动社会历史的发展，有了人类的劳动，才有了满足人类生存必需的前提，才产生了生活和历史，并推动社会历史的发展；最后，劳动是实现人的自由全面发展的前提，人在改变外部自然的同时，也使人自身得以改变和完善。可以说，人类历史的产生与劳动的产生是同一个过程，人类的发展史就是一部劳动史。

一、劳动的概念

在人类文明发展史上，对"劳动"这一概念形成了多样的阐释和界定。首先，从辞源上看，金文的"劳"字是由上边两个"火"字和下面一个"心"字构成，可见，最初的"劳"表示劳心，是一种内心的状态，主要是指人的心力或脑力的劳动。后来，"劳"字的下半部由"心"换成"力"字，演变成今天的字形。"动"字在金文中通"童"字，上边是刻刀的形状，下边是眼睛，意思是在人的额头上刻字，在当时是对罪人或奴隶的惩罚，反映奴隶的劳作情况，以及他们辛酸的身世和卑下的地位。将"劳"和"动"组成一个词，可以看出，在中国古人的眼中，劳动是劳心与劳力的结合，即脑力劳动与体力劳动的结合。劳动在拉丁语中代表"艰辛"之意，在古英语里则有"痛苦"和"悲伤"之意，现代英语 labor，具有劳动、劳力、劳工、努力、分娩、苦干和费力等意思。其次，从古人思想论著上看，在中国古代思想中，劳动最初是指"操作、活动"的意思。《庄子·让王》中"春耕种，形足以劳动"，《三国志·华佗传》中"人体欲得劳动，但不当使极尔"等都提到"劳动"一词，在这些著作中"劳动"都是指操作或活动。在西方，关于劳动的认识最早可以追溯到亚里士多德，他将人类的活动划分为三类：理论、实践、创制。理论是把握物的本质与规律，是闲暇的人自由从事的工作，是以自我本身为目的的活动，也是最高贵的活动；实践在古希腊时期主要指免于从事生产活动的人处理人与人之间关系的行为，最主要的是政治实践和伦理实践；创制是指人类出于本性，为了生存必须从事的生活资料生产行动，是生产性的，也是最为低贱的。这里所说的创制，就是劳动。可见，在中西方最初的认识中，劳动与奴隶紧密相关，与人类的艰辛和痛苦相连。由此可以看出，受经济发展水平的限制，劳动在工业革命之前多指的是体力活动。

随着生产力的发展，劳动的概念不再仅仅局限于体力活动，特别是 18 世纪中叶，以英国为代表的资本主义生产方式大致确立，"劳动"开始被赋予新的概念：劳动是产生交换价值的社会总体形式[①]。而后，李嘉图、洛克站在资产阶级的立场去思考"劳动"这个概念，使其有了新的发展。这些思想是马克思早期劳动概念的重要来源。马克思将劳动置于现实社会生活之中，并将其所涵盖的复杂社会关系具体地呈现了出来："劳动首先是人和自然之间的过程，是以自身的活动来引起的、调整和控制人和自然之间的物质变换的过程。人自身作为一种自然力与自然物质相对立。为了在对自身生活有用的形式上占有自然物质，人就使他身上的自然力——臂和腿、头和手运动起来。当他通过这种运动作用于他身外的自然并改变自然时，也就同时改变他自身的自然。他使自身的自然中沉睡着的潜力发挥出来，并且使这种力的活动受他自己的控制。"[②]

我国研究者所提出的劳动概念多脱胎于马克思的陈述，有代表性的概念有以下几种。

（1）《中国大百科全书》："劳动是通过有目的的活动改造自然对象并在这一活动中改造自身的过程。""劳动是以劳动资料为凭借、作用劳动对象的人有目的的活动。"[③]

（2）《辞海》："劳动是人们改变劳动对象使之适合自己需要的有目的的

---

① ［英］亚当·斯密. 国民财富的性质和原因的研究［M］. 北京：商务印书馆，2017.
② 马克思恩格斯选集（第 2 卷）［M］. 北京：人民出版社，1995.
③ 中国大百科全书编辑委员会. 中国大百科全书·哲学［M］. 北京：中国大百科全书出版社，1988：447-448.

活动，即劳动力的支出和使用。"①

（3）中国社科院经济研究所课题组提出："劳动就是劳动力的使用，劳动包括有目的地为生产物品和提供劳务而付出的一切脑力和体力的耗费。"

（4）张鹏侠认为："劳动是劳动者智力、体力和知识三要素的统一使用。"②

（5）任洲鸿认为："纯粹的人类生理学意义上的体力与脑力耗费形成了生理学意义上的抽象劳动。"③

可以看出，人们所处的时代、立场、视角不同，学科背景不同，所得出的定义也各不相同。作为人类最基本的社会实践活动，劳动在哲学上具有认识论和存在论的意义；在经济学中，劳动是推动生产力发展和建构社会关系的根本性力量；在文化中，劳动则是创造文化、传承文化精神的主要载体。本书结合社会发展历史，站在新时代劳动观的视角上，将"劳动"做如下定义：劳动是人类所特有的创造物质财富和精神财富的实践活动，是推动人类社会进步的根本动力，是个人、民族、国家、人类等一切发展的必要途径。这个定义契合了新时代劳动教育新要求，强调了人的劳动性不仅有维持个体繁衍生存需要的特性，还承载着作为共同体的一分子对于民族、社会及国家发展的责任与义务。

二、劳动的本质特征

通过对劳动概念的分析和阐述，可以看出劳动的本质特征。

（一）人类特有性

劳动，使得人类得以和动物区别开来，使得人类从自然性转向社会性，并且通过劳动实现自我价值。劳动是人类的本质活动，也是"人类所特有的创造物质财富的实践活动"，从表面上看是人类对自身生活有用的自然物质的占有，这与自然界的动物的活动没有什么区别。但是，诸如蜘蛛通过织网捕食猎物，蜜蜂通过建筑蜂房储存蜂蜜，燕子通过衔草筑巢繁殖后代，只是一种动物生存的本能，并不能称之为劳动。只有利用劳动工具或其他手段征服自然、改造自然的有目的的活动才能称之为劳动，这也是人和动

---

① 辞海编辑委员会.辞海［M］.上海：上海辞书出版社，2009：1306.

② 张鹏侠.劳动概念创新与价值量理论的新发展［J］.社会科学辑刊，2007（4）.

③ 任洲鸿.马克思"抽象劳动"概念探析［J］.当代经济研究，2009（8）.

物的根本性区别。

（二）自觉意识和能动性

人类的劳动不仅知道为什么去做、怎样去做，而且知道将会做成怎样。人类的劳动不是盲目的，而是有目的和明确的目标，这就是人类劳动与动物本能活动之间的本质区别。马克思指出："蜘蛛的活动与织工的活动相似，蜜蜂建筑蜂房的本领使许多建筑师感到惭愧。但是，最蹩脚的建筑师从一开始就比最灵巧的蜜蜂高明的地方，是他在用蜂蜡建筑蜂房以前，已经在自己的头脑中把它建成了。"[①] 动物只会本能地从自然界攫取现存的生存资料，而不会创造社会财富，人类却能通过自身的劳动对自然界进行改造并从中获取自身生存或发展的物质资料。人类还可以按照自己设计的蓝图进行伟大创造，对自然界进行改造。比如我国在 1956 年时，毛泽东同志曾有伟大目标，对劳动人民能够利用自己的聪明才智战胜自然挥毫描绘了一幅大坝拦腰截断长江的壮美画卷："更立西江石壁，截断巫山云雨，高峡出平湖。神女应无恙，当惊世界殊。"如今，这个画卷经过几代人的劳动实践已经成为现实。

（三）创造性

劳动是人类所特有的实践活动，然而有自觉能动意识、有目的性的活动，并不都是劳动。劳动必须具备两个特征才能成立：一是一定脑力或体力的付出，二是社会财富的创造或增加。只有同时符合这两个要求的人类活动才是劳动，缺一个便不能称之为劳动。例如，一些娱乐和休闲活动，虽然也具有目的性，只能是消费性活动，而不能称之为劳动，只有那些能够创造出物质财富和精神财富的创造性活动，才能称之为劳动。劳动创造物质财富和精神财富，是对人的劳动价值的承认，这也为中国特色社会主义发展观坚持以人民为中心的发展理念提供了思想源泉。

（四）推动社会进步

劳动是人类社会发展的根本动力，正是由于劳动，我们创造了物化世界，不断地适应和改造自然界，通过加工物质生活资料来满足生活的需要，不断地发展生产力，从而推动社会的进步。习近平总书记继承和发展了

---

① 马克思恩格斯全集（第 23 卷）［M］. 北京：人民出版社，2008.

马克思主义的劳动价值观念,进一步强调了劳动的价值:"人民创造历史,劳动开创未来。劳动是推动人类社会进步的根本力量。"①

劳动是推进社会观念变革的重要载体,推动新时代经济社会发展、创造美好幸福生活必须依靠劳动者来实现。青少年作为担当民族复兴大任的时代新人,必须树立正确的劳动观,崇尚劳动、尊重劳动,着力提升自己的综合素质,促进自身全面发展、健康成长,增强对劳动人民的感情,报效国家,奉献社会。

三、劳动的分类

马克思认为:"劳动首先是人和自然之间的过程,是人以自身的活动为中介,调整和控制人与自然之间的物质变换的过程。"② 人类通过自己的智力和体力活动去改造自然、创造财富和社会的各种实践活动都是劳动,无论社会发展到什么程度,人类始终离不开劳动。劳动是人类生存和发展的基础。在不同的历史阶段,因为生产力水平的不同,劳动会呈现不同的类型。按照不同的标准,劳动可以分为不同的种类。

(一) 具体劳动和抽象劳动

马克思在剖析商品的价值和使用价值的时候指出,生产商品的劳动有两个方面,即生产使用价值的具体劳动和生产价值的抽象劳动。具体劳动也称作有用劳动,是指在一定的具体形式下进行的劳动。具体劳动包括人们的劳动目的、劳动工具、劳动对象、操作方法和劳动结果等 5 个要素。由于劳动的目的、使用的工具、加工的物质对象和采用的操作方法不同,便可生产出具有不同使用价值的物品。例如,木匠制造家具的具体劳动,是用斧子、锯、刨、凿等劳动工具对木材等劳动对象进行加工,结果生产出桌、椅、立柜、床等产品。而农民种地的具体劳动则是用拖拉机、收割机、犁、耙等劳动工具,进行翻地、播种、收割等活动,从而收获了农产品。可以看到,由于生产的使用价值众多,因此,相应的具体劳动方式也有很多。具体劳动体现着人和自然的关系。

撇开生产各种商品劳动的具体形式会发现,无论是木匠的劳动,还是铁

---

① 习近平. 习近平在同全国劳动模范代表座谈时的讲话 [N]. 人民日报, 2013-4-29.
② 马克思恩格斯全集 (第44卷) [M]. 北京: 人民出版社, 2001.

匠的劳动，都是人类劳动力（脑力和体力）一般生理学意义上的消耗，即人类的脑、肌肉、神经、手等的生产性耗费，这是一切劳动共有的东西，即人类一般的、没有差别的劳动，也就是抽象劳动。生产各种商品的具体劳动，尽管在特殊性质和具体形式上千差万别，但是，它们所创造的各种各样的商品都可以互相比较和交换，这表明在各种不同的具体劳动背后隐藏着某种共同的东西，即抽象劳动形成商品价值，凝结在商品中的抽象劳动是价值实体。抽象劳动是价值的源泉，但抽象劳动不等于价值，抽象劳动只有凝结到商品中才能形成价值。抽象劳动没有质的差别，只有量的差别。抽象劳动是一个经济范畴，反映的是商品生产者通过物相互交换劳动的关系，只有在商品生产的条件下，当人们的经济联系通过劳动产品的相互交换来实现的时候，耗费在这些劳动产品上的人类的脑力和体力，才能当作形成价值的一般人类劳动而被社会"抽象"出来。作为价值实体的抽象劳动是劳动的社会属性，体现着人与人之间的一定社会关系，是商品经济所特有的，可见，形成价值的抽象劳动是一个历史范畴。

具体劳动和抽象劳动是生产商品的同一劳动的两个方面，而不是两种或两次劳动，抽象劳动和具体劳动在时间上、空间上都是不可分割的。性质不同的具体劳动，生产性质不同的使用价值，它表明怎样劳动，什么劳动的问题；性质相同的抽象劳动，形成性质相同的价值，它表明劳动多少，劳动时间多长的问题。

（二）技术性劳动与非技术性劳动

技术的含义，众说不一，在社会经济发展的不同时期，所下的定义也不相同。从广义上说，技术是人类在利用和改造自然的劳动过程中积累与体现出来的知识、经验及技能，也包含人类在劳动中所创造的工具、机器和设备等。

然而，在实际社会活动中，人们运用"技术"标准对劳动进行分类，往往更多的是出于社会对技术的"公认"的理解，没有过多的理由可以解释。例如，我国将车工、钳工、木工等工种列为技术工种，而将清洁工、门卫等工种列为非技术工种。这里，人们常将需要使用复杂工具来完成的工作以及需要较高的文化知识来进行的劳动，视为技术性劳动；而将以体力劳动为主的工作，视为非技术性劳动。

人们在运用技术标准时，还习惯上将技术分为硬技术和软技术。人们通常将物质技术手段，即劳动资料，称为硬技术；而将与物质技术手段相适应的操作、控制和运用的方法、技巧与技术管理组合形式称为软技术。从硬技术角度来看，物质技术手段大体可以分为手工工具、机器（包括劳动力装置、传动装置和工作装置）、自动机等，与此对应的劳动为手工劳动、机械化劳动和自动化劳动。从软技术角度来看，手工劳动只是一种朴素意义上的技术，还谈不上真正意义上的技术，只有近现代的复杂的劳动才能称得上软技术。由以上分析不难看出，硬技术和软技术是不能绝对分开的，其发展越来越相互依赖。因此，硬技术和软技术的标准也是相对的。

在执行技术标准时，应该注意到有关技术水平的评价是随国家、地域的不同以及某一时期的科学、经济、社会的发展变化而变化的。例如半导体技术在 20 世纪 60 年代属于高新技术，到了今天，这种技术就已经成为普通技术了。

（三）简单劳动和复杂劳动

人类需要的各种劳动在技术复杂程度上是不同的。简单劳动是指不必经过特别训练、每个正常的劳动者都能从事的劳动。复杂劳动是指需要经过专门训练、具有一定技术专长的劳动者才能从事的劳动，它包含比较多的技巧和知识的运用，是多重的简单劳动。马克思指出："比社会平均劳动较高级较复杂的劳动，是这样一种劳动力表现，这种劳动力比普通劳动力需要较高的教育费用，它的生产要花费较多的劳动时间，因此它具有较高的价值。"[1]

简单劳动和复杂劳动的划分标准取决于一国的科学技术和教育水平，在经济发展的不同时期和在经济发展程度不同的国家里有不同的划分标准，因而这种区分是相对的，但是在同一国家的同一时期内，简单劳动和复杂劳动的区别是客观存在的。

（四）脑力劳动和体力劳动

人类在劳动中不仅有体能消耗，而且有脑力支出。也就是说，在劳动中脑力劳动和体力劳动是共有的。但是，对于某项或某类具体劳动来说，从计划到完成的过程中，其脑力的复杂程度以及体力消耗的强度常常是不均衡的。习惯上，人们将脑力活动占优势的活动称为脑力劳动，而将体力劳动占优势的活动称为体力劳动。古人所讲的"劳心"与"劳力"分别指脑力劳动与体

---

[1]　马克思. 资本论（第 1 卷）[M]. 北京：人民出版社，1975.

力劳动。

一直以来，社会上都存在脑力劳动高于体力劳动的观念，或者把劳动等同于体力劳动，把脑力劳动同体力劳动割裂乃至对立起来，这些观念和做法显然不客观，也不可能让人认同。从"人生在勤，不索何获"到"业精于勤而荒于嬉"，从"成由勤俭败由奢"到"一勤天下无难事"，说明中华民族不仅热爱劳动，更将勤劳、勤奋、勤俭作为一种融入血脉的信仰。所谓的勤与劳，包含丰富的含义，既有动手层面的劳动，也有动脑层面的劳动，比如古人所称的"宵旰忧勤"中的勤、"宵旰忧劳"中的劳，就不可能只是干体力活。今天，被誉为"匠心筑梦"的大国工匠，让人震撼的是他们对职业的热忱，对劳动的热爱，以及掌握得炉火纯青的技艺。"技可进乎道，艺可通乎神。"如果只是简单重复"低级"劳动，而没有创新精神，没有日复一日地钻研，就不可能成为大国工匠。所以，职业无高低贵贱，无论从事什么工作，都是一种劳动付出，只是形式不同。

（五）数字劳动与传统劳动

与数字劳动相对应的概念应该是传统劳动的概念，不同于农业经济、工业经济在生产流通过程中对物质（土地、能源等）的高度依赖的传统劳动，数字劳动以非物质为劳动生产要素，以科学技术的实时更新为内核，以互联网为生产领域，将大数据与实体经济相结合，不断加深数字劳动对传统行业的渗透，对传统劳动进行重新分工，促进传统产业结构转型升级，重构全球经济形态的发展。

首次明确提出了"数字劳动"（digital labor）这一概念的是意大利学者特拉诺瓦，他在21世纪初发表的《免费劳动：为数字经济生产文化》一文中把这一概念视为"现代血汗工厂的延续"，并使用了"免费劳动""网奴"等概念来描述"数字劳动"的本质。英国威斯敏斯特大学信息沟通交流与传播媒介事务研究所（CAMRI）主任克里斯蒂安·福克斯（Christian Fuchs）教授关于数字劳动的思想理论体系的系统研究，对于推进马克思主义劳动价值理论的当代化发挥了积极作用。福克斯对数字劳动的概念做出了政治经济学范式的具体阐释和解构。在他看来，数字劳动是指知识文化的消费被转化为额外的生产性活动，这些活动被劳动者欣然接纳的同时，劳动者却受到了一定程度的剥削。数字劳动是生产性劳动，包括硬件生产者（如制造者）、内容和软件生产者（如作曲者）、生产性使用者（如生产消费者、演奏者）的劳动。通过对数字信息技术产业的全球生产案例分析，福克斯指出，数字的劳动不仅包括数字内容生产的形式，还包括农业、工业、信息等劳动形式，正是这些劳动形式使数字媒介得以存在和发展。

在经济全球化和大数据技术迅速发展的时代背景下，数字化已经成为不可逆转的大趋势。随着信息通信技术和数字媒体技术的飞速发展，数字劳动同样成为当今世界经济发展中不可小视的劳动形式。

依据其他分类标准，还可以将劳动分为必要劳动和剩余劳动、生产性劳动和劳务性劳动、物质生产劳动和精神生产劳动、私人劳动和社会劳动等。时代在变，劳动精神永远不变，热爱劳动的人是幸福的，也是有充实感和成就感的，无论什么类型的劳动，只要能创造财富，能推动社会进步就值得赞赏。

四、劳动教育

加强劳动教育是习近平新时代中国特色社会主义思想在教育领域的凝练与体现，是对马克思主义"人的全面发展"理论的继承和发展，更是贯彻落实立德树人根本任务、提升青少年实践创新能力、培养新时代合格的社会主义建设者和接班人的必然要求。

（一）劳动教育的内涵

19 世纪的空想社会主义者罗伯特·欧文在英国纽克兰纳开展了生产劳动与教育相结合的实验。马克思充分肯定了欧文的实验，在此基础上提出了教育与生产劳动相结合，"未来教育对所有已满一定年龄的儿童来说，就是生产劳动同智育和体育相结合，它不仅是提高社会生产的一种方法，而且是造就全面发展的人的唯一方法"①。这一全面发展思想被视为共产主义教育的萌芽，为解决工人阶级的片面发展，进而为整个人类的全面发展提供了理论基础。《辞海》将"劳动教育"归为德育内容之一。《教育大辞典》侧重从实践出发，强调劳动教育即劳动、生产、技术和劳动素养方面的教育，旨在培养学生正确的劳动观点、劳动态度、劳动习惯，使学生获得工农业生产基本知识和技能。《中国百科大辞典》将劳动技术教育解释为全面发展教育的重要组成部分之一，指出其由劳动教育和技术教育两部分组成。2015 年发布的《关于加强中小学劳动教育的意见》从政策层面对劳动教育的内涵进行阐释：

---

① 马克思. 资本论（第 1 卷）［M］. 北京：人民出版社，1975.

一是一门学习生产技术、培养动手操作和劳动技能、职业技能的课程；二是以兴趣小组、社团等方式进行的实践活动；三是公益劳动、志愿服务等；四是家务劳动。劳动教育是指通过学校课程、实践活动、生活劳动等使学生充分体验劳动过程，培养学生未来生活和工作中必备的劳动意识、技能、精神和习惯，培养学生成为尊重热爱劳动、自立自强的社会公民的一种教育形态。

2020年3月20日，中共中央、国务院发布《关于全面加强新时代大中小学劳动教育的意见》，明确了新时代劳动教育的基本内涵："劳动教育是国民教育体系的重要内容，是学生成长的必要途径，具有树德、增智、强体、育美的综合育人价值。实施劳动教育重点是在系统的文化知识学习之外，有目的、有计划地组织学生参加日常生活劳动、生产劳动和服务性劳动，让学生动手实践、出力流汗，接受锻炼、磨炼意志，培养学生正确劳动价值观和良好劳动品质。"

（二）大学生劳动教育的探索历程

劳动与教育是自人类社会诞生起就存在的、人类所特有的活动，从混沌到分离、从分离到遁隐、从遁隐到重现，劳动始终伴随教育而发展并与之保持密切联系。建党以来，中国共产党兼容并包、博采众长，将"教育与生产劳动相结合"这一马克思主义教育根本原则同中国社会的实际情况相结合，并对大学劳动教育的价值要义、实施路径展开探索。

中国共产党对劳动教育的探索可追溯至1921年。在《湖南自修大学组织大纲》中，毛泽东等人首次对大学中的劳动进行说明，将劳动目的和形式概括论述为："为破除文弱之习惯，图脑力与体力之平均发展，并求知识与劳力两阶级之接近，应注意劳动。本大学为达劳动之目的，应有相当之设备，如艺园、印刷、铁工等。"土地革命战争时期，中华苏维埃政府将马克思主义教育思想与中国共产党革命斗争以来所取得的有益经验进行整合，"教育与生产劳动相结合"这一基本原理被贯彻到苏区的生产建设与文化建设中。1934年，在中华苏维埃共和国第二次全国代表大会上，"教育与劳动联系起来"被纳入苏维埃文化教育的总方针，"教劳结合"的思想得到广泛接受与普遍认可。随着全面抗日战争、解放战争的接连爆发，教育事业表现出"适应战争需要"的倾向，大学劳动教育的革命意蕴更加明显。在此期间，无论是党的领导、将领，还是根据地大学的教师、学生，共同学习革命理论以提高革命斗争的科学水平，共同参加生产劳动以提供革命斗争所必需的物质产品，劳动教育的思想不仅在理论上得到普遍认可，而且在实践中也得到了广泛应用。此外，需要说明的是，受社会背景的影响，当时中国共产党所创办的部分大学仍为干部学校，并不属于严格意义上的专门承担高等教育的办学组织与教育机构，但其对劳动教育理念、模式与方法的探索却同样可为后来及当下大学劳动教育的制度设计和工作部署提供重要的借鉴意义。

自中华人民共和国成立至十一届三中全会召开前，大学劳动教育理念几经更选，探索过程颇显曲折。前期，在新民主主义社会向社会主义社会过渡阶段，国民经济与社会秩序由战时紧张状态转向和平建设状态，中国共产党结合新国情、新环境对大学劳动教育的形式与内容做出调整。1950 年 6 月，周恩来在全国高等教育会议上，围绕高等教育方针、方向和内容与教育专家共同商讨，强调"教育为国家建设服务，学校向工农开门""在团结改造原有知识分子的同时，增加新的血液""全国高等学校都要重视实践，都要提高理论水平"，1957 年，毛泽东在《关于正确处理人民内部矛盾的问题》一文中又对新中国的教育方针进行再次澄清，提出"应该使受教育者在德育、智育、体育几个方面都得到发展，成为有社会主义觉悟的有文化的劳动者"。受"劳动者"教育目标的引领，国家倡导将劳动融入高等教育中，以理论与实际相结合的教育方法，培养具有高级文化水平、可掌握现代科学技术且能够全心全意为人民服务的高级建设人才。

1978 年，党的十一届三中全会确定了改革开放的战略方针，提出教育事业要"与社会主义现代化建设相适应"。在同年的全国教育工作会议中，邓小平提出了新时期的教育方针政策，全面落实教育与生产劳动相结合的原则。伴随经济领域的市场化与全球化，高等教育与社会发展的联系更为紧密，劳动教育围绕专业展开的趋势更为明显。学校劳动教育逐渐与专业实习、实践相融合，劳动技术教育与社会实践成为新的历史条件下贯彻教育与生产劳动相结合原则的有效途径。与此同时，党与政府也开始注重劳动思想教育与劳动技术教育的并行发展，促进学生健康成长与全面提升，避免出现重视技术、轻视思想的取向。

1999 年，为提高教育质量、改善劳动者素质，中共中央、国务院出台《关于深化教育改革全面推进素质教育的决定》，指出教育与生产劳动相结合是培养全面发展人才的重要途径，学校要加强社会实践，组织学生参加科学研究、技术开发和推广活动以及社会服务活动。大学劳动教育的内涵得到不断拓展，脑力劳动与体力劳动的区别被社会大众广为熟知、接受。

进入 21 世纪，劳动教育的地位与作用再次得到强调。《国家教育事业发展"十一五"规划纲要》指出，"全面推进职业教育和高等教育的教育教学改革……倡导和组织学生积极参加各种有益的生产劳动和公益活动，增强学生热爱劳动和尊重劳动的观念"《国家中长期教育改革和发展规划纲要（2010-2020年）》提出要加强劳动教育，培养学生热爱劳动、热爱劳动人民的情感。

（三）劳动教育科学体系的确立

中国特色社会主义进入新时代以来，习近平总书记站在实现民族伟大复兴梦想的高度，发表了一系列关于劳动的重要论述。2018年，习近平总书记在全国教育大会上提出"要努力构建德智体美劳全面培养的教育体系"，将劳动教育的地位提升至与德育、智育、体育、美育同等的高度。2019年，为落实总书记关于劳动教育的重要论述，全国人大常委会修订教育法，且把"劳"纳入教育方针作为当年的工作重点。2020年，中共中央、国务院、教育部相继印发了《关于全面加强新时代大中小学劳动教育的意见》《大中小学劳动教育指导纲要（试行）》，围绕大学劳动教育的性质与理念、目的与内容、形式与内涵、课时与评价等方面进行说明，指出高等学校应依托实习实训、专业服务、社会实践等形式创新劳动教育，使大学生增强诚实劳动、合法劳动的意识。

第二节　新时代劳动教育概述

一、新时代大学生劳动教育的内容

习近平总书记在全国教育大会上将劳动教育明确为全面发展教育的重要组成部分，提出了建构德智体美劳全面培养的教育体系的总要求。这一要求把劳动教育从传统意义上促进青少年全面发展的有效途径提升为重要教育内容，也要求新时代劳动教育需要有不同于以往的新体系、新设计。新时代劳动教育应该包含以下几个方面内容。

（一）劳动价值观教育

劳动价值观是劳动者对劳动的思想认识、根本看法，它直接决定劳动者的价值判断、情感取向与行为选择，是劳动素养的核心内容。

新时代大学生劳动价值观教育更加强调劳动幸福观教育和劳动使命观教

育。新时代我国社会主要矛盾已经转化为人民日益增长的美好生活需要和不平衡不充分的发展之间的矛盾。在新时代，相较于物质文化需求，人们对美好生活的需求更加广泛、更加迫切，尤其是即将步入职场的青年大学生，他们对美好生活更是充满了期待。但是现实表明，当下不少大学生并未找到创造美好生活、获得幸福的途径和方法，没有认识到劳动创造幸福，奋斗成就美好生活。因此，在新时代，对大学生进行劳动创造幸福的劳动价值观教育，有利于大学生在劳动中创造美好生活，提升感受幸福的能力。除此之外，大学生劳动教育也格外强调劳动使命观教育。大学生劳动教育不仅仅要让大学生懂得劳动的意义，更要让他们明白为什么要劳动。马克思曾经说过："作为确定的人，现实的人，你就有规定，就有使命，就有任务。"① 因而在面对重大疫情、灾害的危急时刻，在实现"两个一百年"奋斗目标和中华民族伟大复兴中国梦的紧要关头，青年人理应担负起民族复兴的使命和任务，报效国家、奉献社会，即使面对种种困难和考验，也不放弃、不退缩。

（二）劳动情感态度教育

劳动情感态度是劳动者的个性心理特征的反映，是个体在一定劳动价值观支配下、在长期劳动情感体验基础上形成的一种相对稳定的对待劳动的心理倾向。"爱劳动"一直是我国劳动教育特别重视培养的基本劳动情感态度。新时代劳动情感态度教育既要强调热爱劳动、勤于劳动，又要强调热爱创造、善于劳动。热爱劳动、热爱创造是立业为人的根本，是实干兴邦的基石，更是富民强国的动力。

培育大学生热爱劳动、热爱创造的情感态度，首先，要在培养热爱劳动者的真挚情感上下功夫，教育引导大学生真正做到任何时候任何人都不能看不起普通劳动者，都不能贪图不劳而获的生活，认识到尊重普通劳动者、珍惜他们的劳动成果是人的基本修养；其次，要在科学构建劳动实践训练体系上下功夫，着力优化大学生专业实习实训、精心组织社会实践与志愿服务、全面推进创新创业教育、不断深化产教融合，引导大学生在广阔的生产劳动与实践中加强磨炼、增长本领，教育大学生要敢于做先锋，而不做过客、当看客，使得创新成为青春远航的动力，让创业成为青春搏击的能量；最后，要在培养大学生勤奋学习、刻苦钻研上下功夫，狠抓学风建设，教育大学生由衷认识到认真学习、刻苦钻研不仅是增进知识的过程，更是磨炼意志、

---

① 马克思，恩格斯. 马克思恩格斯全集：第三卷［M］. 北京：人民出版社，1960.

锤炼品行、提高自己的辛勤劳动过程，让勤奋学习成为青春飞扬的动力。①

大学生劳动教育除了进行热爱劳动的教育以外，更加强调在教育过程中弘扬劳模精神和工匠精神，以此培养大学生精益求精的劳动态度。迈入新时代，经济发展由量到质的转变，制造业的转型升级，民族品牌的打造越来越需要这种精益求精的劳动态度。然而，现实是一部分人早已在快节奏的发展模式和生活方式中变得浮躁、患得患失，这在伴随着互联网长大的新时代大学生身上体现得尤为明显。通过劳模精神和工匠精神的弘扬，有利于把大学生培养成为在工作和学习中尚巧求精、执着耐心、专注品质的匠心青年。

（三）劳动品德教育

劳动品德体现了劳动的伦理要求，是指人们在劳动过程中所表现出来的对他人和社会的稳定的心理特征或倾向。辛勤劳动、诚实劳动、创造性劳动，是习近平总书记对新时代劳动的基本要求。辛勤劳动、诚实劳动和创造性劳动是统一的。辛勤劳动是诚实劳动、创造性劳动的前提和基础。诚实劳动是辛勤劳动的表现，也是创造性劳动的前提。习近平总书记高度讴歌诚实劳动的价值，将其视为实现人世间的美好梦想、破解发展中的各种难题、创造生命里的一切辉煌的必由之路。创造性劳动是辛勤劳动、诚实劳动的发展，也是劳动的核心和本质要求。

新时代是创新发展的时代，大学生是新时代创新发展的重要新生力量，因此，新时代高校劳动教育要在辛勤劳动、诚实劳动的基础上强调创造性劳动。要让大学生深刻理解新时代的劳动者不仅要有力量，还要有智慧、有技术，能发明、会创新，教育引导大学生以科学家、大国工匠和劳动模范为榜样，胸怀理想、脚踏实地、勤奋学习、锐意进取、敢为先锋、勇于创造，不断谱写新时代的劳动创造之歌。

（四）劳动习惯教育

劳动习惯是个体在长期劳动实践训练中形成的稳定的行为模式。新时代互联网的飞速发展、数字经济的到来、人工智能的崛起，在给人类生活带来极大便利的同时，也使一些年轻人在无形中滋长了企图不劳而获、渴望一夜暴富、追求一夜成名的不良心理。习近平总书记一直强调"空谈误国，实干

---

① 胡颖蔓，欧彦麟. 大学生劳动教育［M］. 长沙：中南大学出版社，2020.

兴邦"①，倡导"在全社会大力弘扬真抓实干、埋头苦干的良好风尚"②。

新时代大学劳动教育要回到全面的、本原的劳动观上，把劳动看成人类创造世界、改造世界的一切实践活动，是劳动、工作、做事、干事、奋斗的统称，让"真抓实干、埋头苦干"成为新时代大学生学习、工作，做人、做事的基本行为方式。

新时代大学生劳动教育更加强调劳动习惯教育的持续性。一方面，强调劳动习惯教育的持续性是由养成良好劳动习惯的长期性决定的。一个良好劳动习惯的养成是一个长期的过程，它不是一朝一夕的事情，需要长时间的教育和引导。因此，教育主体在教育的过程中不能断断续续，而应该持久进行。另一方面，强调劳动习惯教育的持续性是由新时代大学生劳动习惯的现状所决定的。与以往的大学生相比，新时代的大学生大多是"90 后"　"00后"，他们是伴随着互联网长大的一代，智能化、数字化的发展给他们的生活带来便利的同时，也导致他们劳动机会的减少，再加上生活条件的优越、父母的宠爱，致使这一代人中不想劳动、不会劳动、不爱劳动的现象更为突出一些。因此，针对上述问题，更应该持续地加强新时代大学生劳动习惯方面的教育，让自觉劳动成为新时代大学生生命的底色。

（五）劳动知识与技能教育

劳动知识技能是个体从事一定劳动所必须具备的知识、技术、技巧及综合运用这些知识、技术、技巧的能力，是大学生劳动素养全面提升的必备基础。

大学各专业知识的学习本身就是一种劳动知识学习，大学生的专业实习、毕业实习也都是被明确地列入教学计划的劳动技能训练，这正是大学劳动教育区别于中小学的重要一维，必须抓紧抓好，为建设宏大的知识型、技术型、创新型劳动者大军奠定基础。

除了各门专业课程中的劳动知识与技能教育，新时代大学劳动教育还应加强劳动科学的教学。人类在总结规律、创新知识的过程中形成了劳动哲学、劳动伦理学、劳动文化学、劳动社会学、劳动教育学等一系列"劳动+"学科。这些学科深化了人们对劳动问题的研究，提升了高等教育水平和劳动人才培养质量，同时，也提高了学生对劳动多学科、多维度的认识，使学生学

---

① 习近平. 习近平在同全国劳动模范代表座谈时的讲话 [N]. 人民日报, 2013-4-29.
② 习近平. 习近平在同全国劳动模范代表座谈时的讲话 [N]. 人民日报, 2013-4-29.

到分析、解决劳动问题的本领，增强劳动观念、提升劳动技能。

结合大学生未来的劳动、工作、职业发展需要，通过开设专门的劳动教育课程、完善大学生职业生涯规划和就业指导教育，加强劳动人权、劳动伦理、劳动关系、劳动条件、社会保障、职工福利、职业安全与卫生、劳动法与社会保障法等相关知识与技能的学习。

通过实习实训、产教融合、社会实践、志愿服务劳动实践形式，引导学生在广阔的生产劳动与社会实践中增进知识、磨炼意志、增长才干、提高素质、培养社会责任感。

新时代大学生劳动知识与技能教育更加强调创造性劳动教育。所有的劳动都孕育着创新的元素，所有创新都从劳动中脱胎而来。在新时代全面建设社会主义现代化强国，实施创新驱动发展战略，都离不开创造性劳动。而创新之道，唯在得人。因此，这对我国的劳动教育事业也提出了更高的要求。它要求教育主体在劳动技能教育过程中，不仅要进行科学知识和技能的教学，还要创造更多的条件培养大学生的创新能力，进而把大学生培养成为专业技能过硬、自主创新能力高超的新型劳动者，以满足时代发展的需要。

二、新时代劳动教育体系

2020 年 3 月中共中央、国务院印发《关于全面加强新时代大中小学劳动教育的意见》，对新时代劳动教育做出顶层设计和全面部署。2020 年 7 月，教育部印发《大中小学劳动教育指导纲要（试行）》，重点针对劳动教育是什么、教什么、怎么教等问题进行说明。这是新时代大学生劳动教育的行动指南。

（一）构建系统化的劳动教育课程

构建系统化的劳动教育课程包括以下几个方面。

（1）把劳动教育纳入大学生的必修课程。《关于全面加强新时代大中小学劳动教育的意见》中明确提出"普通高等学校要明确劳动教育主要依托课程，其中本科阶段不少于 32 学时"，把劳动教育课程纳入高校人才培养方案，是实现劳动教育目的的基本保障。

（2）开设必要的劳动教育选修课程。选修课可以是劳动法律、劳动安全、劳动文化、创新创业等课程，也可以邀请行业领域内的专业人士到学校开设技能化、专业化的选修课程，让学生亲身实践。

（3）把劳动教育融入思政课程、专业课程。一方面，要把劳动教育融入思想政治理论课教学中，发挥思政课的主渠道作用。思政课理论教程中包括了大量的马克思主义经典劳动学阐释和马克思主义中国化劳动学说的最新发展成果，这些理论成果是树立大学生社会主义劳动价值观的根本遵循，劳育与德育结合的协同效应，能增强马克思主义劳动理论的信服力，更能增强马克思主义劳动价值观的认同感，使新时代劳动价值观在大学生中生根发芽，结出美丽的硕果。另一方面，要选准专业课程的融入点，专业课程主要与服务学习、实习实训、科学实验、社会实践、毕业设计等相结合开展各类劳动实践，注重分析相关劳动形态发展趋势，强化劳动品质培养，把劳动价值观、劳动精神特别是劳模精神、工匠精神等积极融汇其中，增强大学生学习的动力和学习的导向性。

（二）共建学校、家庭、社会的教育联动机制

大学劳动教育不是学校单方面的事情，需要学校、家庭、社会的联合，形成教育共同体，全方位积极开展劳动教育，推行热爱劳动的风尚。

（1）大学要发挥在大学生劳动教育中的主导作用。大学应明确劳动教育的要求，着重引导学生形成马克思主义劳动观，使其系统学习并掌握必要的劳动技能。

（2）家庭要发挥在劳动教育中的基础作用。注重抓住衣食住行等日常生活中的劳动实践机会，鼓励孩子自觉参与、自己动手，随时随地、坚持不懈地劳动。家庭要树立崇尚劳动的良好家风，家长要通过日常生活的言传身教、潜移默化，让孩子养成从小爱劳动的好习惯。

（3）社会要发挥在劳动教育中的支持作用。充分利用社会各方面资源，为劳动教育提供必要保障。学校组织学生参加力所能及的生产劳动、参与新型服务性劳动，使学生与普通劳动者一起经历劳动过程。工会、共青团、妇联等群团组织以及各类公益基金会、社会福利组织要组织动员相关力量、搭建活动平台，共同支持学生深入城乡社区、福利院和公共场所等参加志愿服务，开展公益劳动，参与社区治理。

学校要将劳动教育有机纳入专业教育、创新创业教育，不断深化产教融合，强化劳动锻炼要求，加强高等学校与行业骨干企业、高新企业、中小微企业的紧密协同，推动人才培养模式改革。

（三）推进创新创业

大学生作为社会向前发展的源动力，必须与知识经济时代发展要求相适应，具有较强的创新创业能力。未来社会迫切需要的是具有创新创业能力的人才。高素质人才应具有独存的自信心、不断创新的进取心、广泛关怀的责任心；具有对环境的适应能力、对文化的整合能力、为理想而奋斗的实践能力。大学生应该通过坚持知识能力素质的辩证统一，突出创新能力的培养，努力提高实践能力，加强心理素质的锻炼，促进独立创业思想的培养。大学要注重围绕创新创业，结合学科和专业积极开展实习实训、专业服务、社会实践、勤工助学等，重视新知识、新技术、新工艺、新方法的应用，创造性地解决实际问题，使学生增强诚实劳动意识，积累职业经验，提升就业创业能力，树立正确择业观，具有到艰苦地区和行业工作的奋斗精神，懂得空谈误国、实干兴邦的深刻道理；注重培育公共服务意识，使学生具有面对重大疫情、灾害等危机主动作为的奉献精神。

（四）在校园文化建设中强化劳动文化

大学应将劳动教育与学生的个人生活、校园生活和社会生活有机结合起来，丰富劳动体验，提高劳动能力，深化对劳动价值的理解。

学校要将劳动习惯、劳动品质的养成教育融入校园文化建设之中。通过制定劳动公约、每日劳动常规、学期劳动任务单，采取与劳动教育有关的兴趣小组、社团等组织形式，结合植树节、学雷锋纪念日、五一劳动节、农民丰收节、志愿者日等，开展丰富的劳动主题教育活动，营造劳动光荣、创造伟大的校园文化。

学校要举办"劳模大讲堂"、"大国工匠进校园"、优秀毕业生报告会等劳动榜样人物校园活动，组织劳动技能和劳动成果展示，综合运用讲座、宣传栏、新媒体等，广泛宣传劳动榜样人物事迹，特别是身边的普通劳动者事迹，让师生在校园里近距离接触劳动模范，聆听劳模故事，观摩精湛技艺，感受并领悟勤勉敬业的劳动精神，争做新时代的奋斗者。

（五）激发大学生自我劳动教育

内因是事物发展的根据，外因是事物发展的条件，外因通过内因起作用。没有自我教育就没有真正的教育，社会教育、学校教育、家庭教育等都要通过自我教育才能起作用，自我教育是教育的最高点，它对大学生的成长成才起着至关重要的作用。自我教育涉及多方面，其中一个重要的方面就是自我劳动教育，让自我劳动教育自觉化，有助于大学生劳动综合素质的提高，是新时代大学生劳动教育的关键之举。①

（六）健全劳动素养评价制度

《关于全面加强新时代大中小学劳动教育的意见》要求将劳动素养纳入学生综合素质评价体系，制定评价标准，建立激励机制，组织开展劳动技能和劳动成果展示、劳动竞赛等活动，全面、客观地记录课内外劳动过程和结果，加强实际劳动技能和价值体认情况的考核；建立公示、审核制度，确保记录真实可靠；把劳动素养评价结果作为衡量学生全面发展情况的重要内容，作为评优评先的重要参考和毕业依据。这样的量化举措，可以起很好的激励作用和督促作用，让大学生积极投身到劳动的洪流中，在劳动锻炼中磨炼意志、涵养精神，树立积极的劳动价值观，进而涵养社会主义核心价值观。

三、新时代大学生劳动教育的育人目标

劳动教育作为立德树人环节中的重要指标，是在校大学生成长成才走向社会的必要途径，具有综合的育人价值。"劳动是劳动教育的基础，而劳动教育是当前整个教育体系的重要内容。"② 在重视学习和技能的掌握外，有计划、有目标地开展大学生劳动理论教育和实践活动，增强大学生动手能力，磨砺坚强意志，培养大学生正确的劳动价值观和良好劳动品质。

劳动教育是实现自身全面自由发展而进行的有目的、有意识的活动，劳动光荣、劳动伟大是人类进步的重要诠释。弘扬劳动精神、尊重劳动模范是新时代高职院校培养高素质技能人才的重要目标。劳动教育是职业教育的重要环节，高职院校通过推进劳动教育可以培养学生的劳动精神、工匠精神、技术技能，全面发挥劳动教育对在校大学生的综合育人作用。

四、新时代大学生劳动教育的意义

长期以来，各地区和学校坚持教育与生产劳动相结合，在实践育人方面

---

① 胡颖蔓，欧彦麟．大学生劳动教育［M］．长沙：中南大学出版社，2020.
② 马克思，恩格斯．马克思恩格斯全集：第三卷［M］．北京：人民出版社，1960.

取得了一定成效。同时也要看到，近年来大学生群体中出现了不珍惜劳动成果、不想劳动、不会劳动的现象，劳动的独特育人价值在一定程度上被忽视，劳动教育正被淡化、弱化。对此，全党全社会必须高度重视，采取有效措施切实加强劳动教育。通过劳动教育让学生认识到劳动具有本源性价值，即劳动是创造物质世界和人类历史的根本动力；通过劳动教育让学生认识到劳动是一切社会财富的源泉，不劳而获、少劳多得是可耻的；通过劳动教育让学生认识到劳动是实现个人成长进步的阶梯，不愿劳动、不爱劳动则会阻碍个人的全面发展。劳动教育不但包含丰富的德智体美等教育资源，而且劳动还是学生生活教育和生命教育最佳的汇合点，通过劳动教育要让学生认识到劳动是生命价值和生命意义实现的唯一途径。

（一）新时代培养社会主义建设者和接班人的要求

建成社会主义现代化强国，实现中华民族伟大复兴，是一场接力跑，需要由一代又一代能够堪当民族复兴大任的时代新人来完成。劳动教育与德育、智育、体育、美育一样，是人才培养不可或缺的内容。

学校是大学生劳动精神培育、劳动素养提升的重要场所，劳动教育是大学生成人成才的基础，事关立德树人根本任务的实现。大学生的劳动素养左右着他们对未来职业、岗位和人生道路的选择，影响他们人生价值的实现，进而在一定程度上影响国家和社会的未来。当代大学生在劳动观念、劳动态度、劳动习惯和劳动技能等方面与社会的需要还存在一定差距。培育时代新人需要学校全面贯彻党的教育方针，加强教育教学改革，把劳动素养教育纳入人才培养方案，加强劳动教育和实践环节培养。同时，坚持专业教育与生产劳动相结合，学校与社会、家庭相结合，为大学生提供崇尚劳动、尊重劳动者的思想文化氛围，获得外部环境和条件支持。家庭要重视勤劳家风的培育，培养孩子热爱劳动的思想意识和良好习惯，使大学生在努力获取知识的同时，积极参加劳动实践，在实践中获得劳动体验、提升劳动素养，成为知识型、技能型、创新型社会主义业的合格建设者和接班人。

（二）实现中华民族伟大复兴中国梦的必然选择

中国梦是国家的、民族的，也是每一个中国人的。中国梦的实现不仅需要国家的意志更需要每一个中国人的努力。中华民族从站起来、富起来到强起来，靠的就是一代又一代国人踏石有印、抓铁有痕的实干，实现中华民族伟大复兴的中国梦，需要新一代中国人的努力奋斗。作为青年大学生更应该接过奋斗的接力棒，用劳动托起中国梦。新时代是创新发展的时代，中国速度向中国质量的转变、制造大国向制造强国的转变、中国制造向中国创造的转变离不开创新，在激烈的国际竞争中赢得主动离不开创新，人生活的智能化、便捷化离不开创新。而创新离不开创造性劳动，创造性劳动是创新的源泉，所以，国家富强、民族振兴、人民幸福中国梦的实现也需要青年一代的创造性劳动。而不论是辛勤劳动、诚实劳动还是创造性劳动，都离不开对大学生的劳动教育。

今天我们强调的劳动教育，就是坚持和发展中国特色社会主义教育制度，就是营造尊重劳动、热爱劳动、崇尚劳动的社会主义先进文化，让所有人的劳动和劳动成果得到尊重，特别是尊敬普通劳动者，增进与劳动人民的感情。① 积极营造"用劳动托起中国梦"的劳动文化，引导学生在身体力行的劳动中形成劳动的理性自觉，树立正确的劳动价值观。②

（三）完善当前立德树人教育体系的需要

党的十八大以来，习近平总书记多次强调立德树人的重要性。在全国教育大会上，总书记又提出德智体美劳五育并举的论断，不但丰富了新时代党的教育方针的内涵，而且为贯彻和落实立德树人指明了方向及路径。新时代强化大学生劳动教育，有利于培养大学生吃苦耐劳、服务社会的时代精神，形成尊崇劳动和劳动者的思想品质。

当今时代，由于新技术的不断应用，不少传统的体力劳动被取代，科技在经济发展中所发挥的作用也越来越大，社会上出现了一些轻视体力劳动的思想，劳动教育普通存在弱化、异化和淡化等现象，劳动的社会意义和教育意义正在被消解。习近平总书记在全国教育大会上指出，要努力构建德智体美劳全面培养的教育体系，形成更高水平的人才培养体系，这一重要论述体现了我们党和国家对大学人才培养目标的新要求。以往教育体系中劳动教育的缺位或忽视，不但局限了大学生对劳动价值的认知，而且加剧了大学生对劳动及其价值认识的异化。我们必须及时补齐这块短板，重塑劳动教育在整个教育体系中的基础性和全局性地位，以顺应学生成长成才的规律和社会发展对人才综合素质的需要。

---

① 柳夕浪. 全面准确地把握劳动教育内涵 [J]. 教育研究与实验，2019 (4)：76-78.

② 赵鑫全，张勇. 新时代大学生劳动教育 [M]. 北京：机械工业出版社，2021

（四）促进大学生全面发展实现人生价值

"人的全面发展"是马克思主义的基本原理之一。马克思认为，只有个人普遍得到全面、和谐、充分发展，才能真正获得驾驭自然界和人类社会的自由，成为自由发展的人。苏联著名教育学家苏霍姆林斯基认为，学校的教育目标是培养真正的人，也就是全面、和谐、发展的人。大学必须对新时代大学生在德、智、体、美、劳这几个方面同时开展教育和培养，才能实现教育目标，培养全面、和谐、发展的人才。劳动教育在五育中有着基础性和全局性的地位，只有加强和改进当前的劳动教育，才能把大学生培养成为德智体美劳全面发展的有思想、有觉悟的劳动者，个体生命的潜能才能得到自由、充分、全面、和谐和可持续的发展。

劳动一直充当着人类谋生的手段，人们要通过劳动来创造财富获得报酬，以维持生活所需。同时，劳动又是人的社会属性需要，人们要通过劳动来显示其社会价值，实现个人价值，发展与成就自己。马克思说："历史承认那些为共同目标劳动因而变得高尚的人是伟大的人，经验赞美那些为大多数人带来幸福的人是最幸福的人。"①劳动教育是国民教育体系的重要内容，是学生成长的必要途径，具有树德、增智、强体、育美的综合育人价值。大学生在劳动中用自己的身体和心灵感知与感悟世界，拓展认知的视野，激发求知的欲望，在探究未知的过程中积累知识，提高智育；在艰苦的劳动中强健体魄，磨砺意志，提高承受挫折的能力，促进身心健康，收到健体的效果；在劳动的过程中发现自然和生活的美，体验劳动的愉悦，也感受到劳动之美，升华审美情趣，提升审美能力。由此可见，新时代加强大学生劳动教育，发挥劳动教育的育人功能，可以促进大学生德智体美劳全面发展。新时代大学生劳动教育有助于培养大学生勤俭、奋斗、创新、奉献的劳动精神；培养他们服务社会、服务他人的奉献情怀和服务意识，培养他们通过劳动实践磨炼意志、砥砺品格进而实现人生价值的能力。

当代大学生应不畏艰难、百折不挠、敢于担当，在劳动中增阅历、长才干、坚意志、熟技能、知荣辱、懂感恩，为实现人生价值做好思想、信念、人格、品质、知识和能力上的准备。

---

① 马克思恩格斯全集 [M]. 北京：人民出版社，1982.

第三节　大学生劳动教育的基本内涵

一、大学生劳动教育的内涵

新时代大学生劳动教育的全面推进，不仅是对党的教育方针的具体践行，更是对大学生树立新的劳动意识、劳动理念、劳动品德、劳动技能培养的全过程塑造。让大学生通过劳动教育懂得劳动最光荣、劳动最伟大，树立科学的劳动理念，纠正与体力劳动画等号的错误的、机械的、固化的思想观念。

"通过适当的教育途径培育具有健康劳动价值观、追求社会正义、实现体力脑力结合，以及养成具有自由个性的全面发展的人。"① 学校要采取一定的措施和通过课程体系的构建引导广大学生树立正确的劳动态度，培养新时代大学生独立思考、勤于实践、善于劳动的思想品德，引导大学生能够将所学的知识技能通过劳动进行创新创造，进而达到"五育"并举。科学技术飞速发展，信息化进程不断迭代升级，高职院校要紧跟形势，灵活改变学生教育方式，大胆创新，使学生不断掌握与新时代并进的劳动技能和工匠精神，在学文化、学技能、学科学上下足功夫，不断提升自身能力和综合素质，练就过硬本领。

二、大学生劳动教育的价值意蕴

（一）以劳育德，促进大学生德育发展

大学生正处于"三观"塑造关键时期，新媒体时代泥沙俱下，大学生的心智成长极易受到各种社会思潮和不良现象的影响。在大学开展劳动教育能够将"工匠精神""劳模精神"等融入学生成长成才环节，通过劳动教育培养学生正确的三观，督促学生养成良好的学习生活习惯，塑造优良的德行。

（二）以劳增智，促进大学生智育发展

大学的劳动教育能够结合技能、实训、实践等环节共同推进大学生的成

---

① 檀传宝. 劳动教育的本质在于培养劳动价值观 [J]. 人民教育，2017（9）：45-48.

长成才。劳动与智慧紧密结合，通过劳动可以增进技能培养，启迪智慧，锻炼思维，能够培养大学生独立开展实践工作的能力，夯实技能人才培养的智力基础。

（三）以劳强体，促进大学生体育发展

大学生通过系统的劳动教育，诸如参加公益劳动、参加技术技能锻炼、企业实践、社会实践等，发挥特长，挖掘兴趣爱好，根据自身特点进行针对性的锻炼，不仅能够锻炼意志，砥砺品性，还能促使学生强健体魄、健康成长。

（四）以劳育美，促进大学生美育发展

大学开展劳动教育能够大幅度提升大学生在学习生活过程中的审美能力，滋养学生的道德情操，培养识美、爱美能力。通过以劳育人、以文化人的教育方式，指导学生辨识真善美，摈弃假恶丑，让"美"走进学生的内心世界，使劳动的美能够促进每一位学生的成长。

三、新时代大学生劳动教育的特征

理解了劳动教育的内涵，还应把握新时代大学生劳动教育的特征。概括起来，新时代大学生劳动教育具有思想性、社会性、实践性和时代性的基本特征。

（一）思想性

思想性是大学生劳动教育最鲜明的特征，也是其区别与其他阶段劳动教育的显著特征。新时代的劳动观在继承与发展马克思主义劳动观的基础上，创新性地发展了 21 世纪马克思主义劳动教育新思想，即劳动教育要高度发挥思想引领作用，培养高素质的社会主义建设者和接班人。要以社会主义核心价值观为引领，坚决抵制和摒弃好逸恶劳的思想，尤其是当今出现了一些不劳而获、少劳多得、浪费劳动成果等不良的社会现象，应通过加强劳动教育，从思想上让大学生意识到劳动的重要性，认识到只有劳动才能创造更好的幸福生活。

（二）社会性

劳动是一种社会实践活动。因此，随着社会的发展，尤其是科学技术日

益革新，新时代的大学生劳动教育也出现了新形势、新局面。新时代的大学生劳动教育必须与生产劳动相结合，尤其是与科技生产劳动相结合，无论是"没有劳动的教育"，还是"没有教育的劳动"，都会脱离现代社会技术和科学知识所要求的轨道。① 因此，劳动成为个体与社会集体联结的桥梁和纽带，不能简单地将新时代大学生劳动教育理解为专业知识与技能的学习活动，更应把劳动教育视为提高大学生综合能力、增强个人与社会联系的重要手段。

（三）实践性

实践性是新时代大学生劳动教育的突出特征。劳动教育本质上以日常生活劳动为基点，以生产性劳动为辅助，以服务性劳动为进阶，从而提升大学生的劳动素养。生活劳动、生产劳动和服务性劳动均具有鲜明的"实践"品格。新时代大学生劳动教育要持续性地坚持将专业知识与实践经验相结合，渗透到生活、生产和服务性劳动之中去。大学生虽然身处象牙塔，但必须提前谋划，趁早规划，使大学生体验未来的职业生活，形成职业定向。因此，劳动教育应能够引导学生亲自动手、实践操作、亲身获得真实的体验，进而在劳动生产过程中不断发展和完善自我，实现德、智、体、美、劳个体全面发展的目标，在劳动实践中塑造新时代大学生。

（四）时代性

劳动教育并不是一成不变，具体的劳动内容和形式随着时代的变化呈现多样化的特点。随着科学技术的发展与生产力水平的提高，新时代劳动的形态也处于演进的过程之中，具体表现在体力劳动所占比重有所下降，而脑力劳动所占比重有所上升，不断形成新形态的劳动结构形式。因此，不能将劳动教育的内涵窄化地理解为"劳动教育就是体力活动"或"劳动教育就是脑力劳动"，要根据时代的变化与时俱进。此外，新时代大学生的劳动教育不仅仅是"知识的教育"或"技能的教育"，更是情感、意志、精神和品德等内在层面的培育。

深刻把握以上四个主要特征，有助于我们科学认识新时代的大学生劳动教育，进而深刻理解其价值，准确把握其定位，从而寻找到更有效的实施路径。

---

① 〔苏〕列宁. 列宁全集（增订版）：第2卷［M］. 北京：人民出版社，2013.

第二章
大学生劳动价值观的培养

第一节　劳动价值观概述

　　价值观是指一个人对周围的客观事物（包括人、事、物）的意义、重要性的总评价和总看法，它是基于人的一定的思维感官之上而做出的认知、理解、判断或抉择，也就是人认定事物、辨别是非的一种思维或取向。人的价值观是一种内心尺度，它支配着人的观察、态度、行为、理想，支配着人如何认识世界和改造世界。人只有对事物进行了价值观上的认知才会进行选择和判断，因此，价值观对于一个人的人生有着非常大的影响。在社会发展日益丰富的今天，人的价值体系越来越多元化，随之而来的对劳动的认知和判断也越来越多样化。面对"啃老族""网红""眼球经济"等令人眼花缭乱、层出不穷的新鲜事物，倡导正确的劳动价值观显得尤为紧迫而必要。

一、价值及价值观概述

（一）价值

　　价值作为哲学范畴具有最高的普遍性和概括性。从认识论上来说，价值是指客体能够满足主体需要的效益关系，是表示客体的属性和功能与主体需要间的一种效用、效益或效应关系。价值这一概念涉及价值主体和价值客体两个方面。价值主体是指对象性行为中作为行为的人，是价值的创造者、实现者和享有者。价值客体是指这一对象性关系中的对象。

　　在经济学中，价值是商品的一个重要性质，它代表该商品在交换中能够交换得到其他商品的多少，价值通常通过货币来衡量，成为价格。这种观点中的价值，其实是交换价值的表现。古典经济学则认为价值和价格并不等同。按照马克思主义政治经济学的观点，价值就是凝结在商品中无差别的人类劳动，即商品价值。马克思还将价值分为使用价值（给予商品购买者用的价值）和交换价值（使用价值交换的量）。①

（二）价值观

价值观是指个人对客观事物（包括人、物、事）及对自己的行为结果的意义、作用、效果和重要性的总体评价，是人们关于价值本质的认识以及对人和事物的评价标准、评价原则、评价方法的观点体系，是个性心理结构的核心因素之一。价值观是用于区别好坏、分辨是非及其重要性的心理倾向体系，它反映人对客观事物的是非及重要性的评价。人不同于动物，动物只能被动适应环境，人不仅能认识世界是什么、怎么样，而且还知道为什么、应该做什么，发现事物对自己的意义、设计自己的人生蓝图、确定并实现奋斗目标。不同主体由于价值观不同，对客体的评判也就不同。

（三）价值观的特点和作用

1. 价值观的特点

（1）稳定性和持久性

价值观具有相对的稳定性和持久性。在特定的时间、地点、条件下，人们的价值观总是相对稳定和持久的。比如，对某种人或事物的好坏总有一个看法，在条件不变的情况下这种看法不会改变。

（2）历史性与选择性

在不同时代、不同社会生活环境中形成的价值观是不同的。一个人的价值观是从出生开始，在家庭和社会的影响下逐步形成的。一个人所处社会的生产方式及其所处的经济地位，对其价值观的形成有决定性的影响。当然，父母、老师、朋友、公众人物等人的观点与行为以及书籍、报刊、影视作品和广播等宣传的观点，对一个人的价值观也有不可忽视的影响。

（3）主观性

用于区分好与坏的标准，是根据个人内心的尺度进行衡量和评价的，这些标准都属于价值观的体系。价值是由主体也就是个体对客体在多大程度上满足需要做出的判断，个体的差异性影响价值观，不同的个体因为年龄、性别、成长环境、受教育程度等存在差异，价值观也会因人而异。

由此可见，价值观有正确与错误之分，它对人们自身行为的定向和调节

---

① 赵鑫全，张勇. 新时代大学生劳动教育［M］. 北京：机械工业出版社，2021

起着非常重要的作用，它直接影响和决定一个人的理想、信念、生活目标和追求。价值观还包括内容、强度两种属性，内容属性告诉人们某种方式的行为或存在状态是重要的，强度属性则表明其重要程度。

2. 价值观的作用

（1）价值观对人们的行为有导向作用

人们行为的动机受价值观的支配，价值观对动机模式有重要影响。在同样的客观条件下，具有不同价值观的人，其动机模式不同，产生的行为也不相同。动机的目的受价值观的支配，只有那些经过价值判断被认为是可取的目的，才能转换为行为的动机，并以此为目标引导人们的行为。

（2）价值观反映人们的认知和需求状况

价值观是人们对客观世界及行为结果的评价和看法，因而，它从某个方面反映了人们的人生观和世界观，反映了人的主观认知世界。

二、劳动价值观

价值观念直接引导、调节并规范人们实践活动中的思想行为，提倡并鼓励有正向价值的思想行为，批判并克服负面价值的思想行为。同样，人的劳动行为是在劳动价值观指导下进行的，劳动价值观作为一种实践精神，在劳动的价值实现中发挥着重要作用。劳动价值观对劳动的价值实现的行为导向是通过其实践精神来实现的。

人们在劳动中总会形成对劳动的看法和认识，劳动价值观是人们关于劳动对人类和人类社会自身需要满足程度的根本看法，以及对于劳动和劳动者的基本态度。具体而言，就是人们关于劳动的价值及意义的评价标准、评价原则和方法的总观点的体系。劳动价值观的形成同时受多种因素的影响，包括时代的影响、人们所处的社会关系的影响以及传统文化的影响。新时代劳动价值观是植根于中国传统文化土壤，马克思主义理论与中国具体实践相结合的产物。时代在前进，理论在不断丰富，但始终不变的是对劳动和劳动者的尊重以及对热爱劳动、劳动光荣的价值追求。劳动价值观反映了劳动者对劳动的态度，决定着劳动行为。

劳动价值观具有行为导向和驱动能力。劳动价值观对人的劳动行为具有驱动性。所谓驱动性，是指一切劳动价值观都是支配人的劳动行为的价值动力，这种驱动仅存在正确与否的差别，不存在有无的差别，也就是说对人们的劳动行为不具有任何驱动功能的劳动价值观也是不存在的。由此来说，正确的、充满正能量的价值观促使人们的劳动行为朝正确的价值取向推进，而错误的劳动价值观会把人们的劳动引向歧途。因此，在劳动行为和劳动价值的实现中需要解决好价值动力的问题，才能更好地促进劳动发展。①

三、大学生劳动价值观存在的问题

当前，一些青少年产生了好逸恶劳、嫌贫爱富、不劳而获等不良心态，折射出当前劳动价值观的缺失和异化。

（一）劳动意识薄弱

当代大学生的成长环境相对比较优越，他们从小到大大多没有吃过苦，有些人唯成绩论，不喜欢劳动，厌恶甚至逃避劳动，对劳动和劳动者缺乏应有的尊重，不珍惜劳动成果，有铺张浪费、攀比之风。随着社会的发展、科技的进步以及生活水平的提高，资本、知识、文化、信息在生产生活中的力量不断凸显，人们的劳动观念发生了很大变化。部分青年对劳动的理解出现偏差，好逸恶劳，渴望不劳而获、盲目消费等现象出现。

（二）价值取向的功利性

受社会实用主义价值观的影响，不少学生价值取向出现日益功利性的倾向，对物质利益的追求远远高于精神层面。他们关注的重心不再是理想、奉献、为人民服务，国家的、集体的利益让位于个体利益，更多地关心个体的获利，越直接、越短期的获利越"吸睛"。学习中那些能对生产生活直接产生作用、快速产生效益的知识越来越受到重视甚至吹捧，能产生直接利益的就是"有用"的，否则就是"无用"的。一些大学生选择工作的最重要的标准成为钱给得多少，国家和社会的需要、个人的兴趣等在金钱面前都要让位。

（三）价值判断的多元化

在改革开放不断深化和市场经济快速发展的今天，整个社会呈现出价值多元化、利益多样化的倾向，随之而来的个人享乐主义、拜金主义、极端个人主义等影响到校园中的大学生，使得大学生的价值观深受冲击，形成多元化的劳动价值观，其中较有代表性的劳动价值观有两种表现：一种是盲目夸

---

① 徐国庆. 劳动教育［M］. 2 版，北京：高等教育出版社，2021.

大自我价值的"自我"型，认为劳动的价值在于自我奋斗，注重个人发展、关心个人利益，一切以自我为中心，对社会、集体的发展漠不关心，甚至把两者对立起来，形成自私自利的思想；另一种是"金钱至上"型，一切以"金钱"为衡量标准，人的劳动价值的体现是金钱的多少，金钱利益至上。

（四）价值主体的个体本位

在价值观上，追求自我为中心和自我本位。表现为过多地要求社会、他人对个人自己的满足，但自己对社会、对他人服务付出的观念淡薄，缺少对社会、对集体的责任感和义务感，缺少默默无闻、无私奉献的精神，更缺少了责任和担当。

（五）知行不一

有些大学生对于劳动价值观的认知仅仅停留在理论学习的认识层面，认知方面足够清晰，但由于各种原因，参与劳动的动机不强，在付诸实践方面有所欠缺，重视脑力劳动，轻视体力劳动，认知与行为相矛盾。

（六）缺乏创造性劳动意识与动力

新时代劳动价值观的培育更侧重于培养学生劳动的实践性和创新性，但有些大学生对创造性劳动的内涵不了解，创造性劳动意识与动力不足。

第二节　新时代劳动价值观的内涵与发展

劳动价值观是马克思的基本观点。马克思认为，劳动不仅是谋生的手段，更是通向客观世界与主观世界的媒介，也是实现人性至美至善、彻底自由的必由之路。马克思、恩格斯对于劳动价值观的理解主要存在三种相互联系的解释模式：第一种是历史唯物主义的解释模式，强调劳动创造世界、劳动创造历史和劳动创造人本身；第二种是政治经济学的解释模式，强调劳动是商品价值的唯一源泉，劳动剥削是资本主义的社会本性，按劳分配是实现社会正义的重要原则；第三种是教育学原理的解释模式，强调劳动形成人的本质，劳动是实现人的全面发展的重要途径，教育与生产劳动相结合是社会主义教育的根本原则。这三种劳动价值观的阐述，既是马克思主义经典著作的重要内容，也是深入理解与应用马克思主义学说的重要通道。新时代劳动价值观是以马克思主义劳动价值观为指导，植根于中华传统历史文明，是社会主义核心价值观的具体生动体现，凝结着中国劳动人民的集体智慧和认知。

一、新时代劳动价值观的内涵

（一）劳动是一切幸福的源泉

2020 年 11 月 24 日，在全国劳动模范和先进工作者表彰大会上，习近平总书记这样强调劳动的价值："劳动是一切幸福的源泉。"这迅速成为认识劳动价值的金句，也构成了新时代劳动价值观的最基本内容，即对劳动最根本的认识。

幸福的实现意味着物质和精神的双重满足以及在其追求过程中获得愉悦感和成就感。回溯历史，我们发现无论是在奴隶社会、封建社会还是在资本主义社会条件下，劳动人民都是被剥削、被压迫的阶级，他们付出无比艰辛的劳动但收获甚微，物质上极度贫乏，苦不堪言，而奴隶主、封建阶级、资本家却凭借手中掌握的土地、资本等非劳动因素，占有了社会上的绝大多数财富。在资本支配劳动的情况下，劳动者只能获得劳动的基本物质价值，丧失了劳动中的发展价值和精神享受，也就是"异化的劳动"。劳动者为了谋生而被迫劳动，违背主观意愿，劳动者没有尊严，工人被视为社会底层人员，劳动被视为地位低下的活动，从而导致工人厌恶劳动，甚至是逃避劳动。劳动仅具有谋生的功能，资本成为社会认同的可以积累物质财富、提高社会地位的重要途径。[①]

今天，我们处于社会主义公有制条件下，人民群众是国家的主人翁，劳动者的劳动人权通过制度得到保障，劳动者为自己、集体和国家劳动，提高了劳动的自由度，而不断积累的劳动成果，成为劳动者获得自由和生活资料的基础与源泉，不再是奴役劳动者的力量。新时代的劳动创造过程本身就是幸福，实现了劳动的物质价值和精神价值的统一。劳动是一切成就的基础。一个人想要未来幸福地生活就必须付出艰辛的劳动，一个民族要创造优秀的文化就必须付出勤劳的智慧，一个国家要强大，就必须有创造未来的强大勇气并付出艰苦的努力。一个人、一个民族、一个国家，如果思想僵化，懒惰成性，就不可能创造幸福的未来，劳动是一切幸福的源泉。

正是因为劳动创造，我们拥有了历史的辉煌；也正是因为劳动创造，我

---

① 徐国庆. 劳动教育 [M]. 2 版，北京：高等教育出版社，2021.

们拥有了今天的成就，长期以来，中国工人阶级和广大劳动群众挥洒辛勤汗水，不断创造伟大奇迹，不断为民族复兴奋斗。站在"两个一百年"奋斗目标的历史交汇点上，通过辛勤劳动、诚实劳动、创造性劳动，一定能够在全面建设社会主义现代化国家新征程上创造新的更大的奇迹。

把劳动看作幸福的源泉，这一新时代的劳动价值观，既继承了马克思主义劳动观的基本立场和观点，也在理论上超越了感性主义和理性主义的幸福观。对幸福的定义历来有不同的观点，感性主义幸福论把幸福等同于感官上的享受和物欲的满足，理性主义幸福论将精神上的满足和心灵上的丰富视为幸福的重要表现，反对肉体上的感官享受。

劳动是幸福的源泉，奋斗是梦想的阶梯，幸福的人生也是靠劳动来书写的。作为新时代的劳动者，我们应当大力弘扬劳动精神，用劳动创作美好生活，用创新引领社会发展，用奋斗体现人生价值，奋力奏响社会主义的劳动者赞歌，全力谱写中国特色社会主义建设新篇章。我们应当传承艰苦奋斗的优良传统，把奋斗作为一种人生追求和生活习惯，把奋斗贯穿于自己的学习、工作和生活之中，让奋斗成为人生永不褪色的主题，用踏实的劳动丰富人生经验、实现人生目标，彰显人生价值。

人间万事出艰辛。越是美好的未来，越需要我们付出艰辛努力。我们应把攻坚克难作为一种责任担当，敢于啃硬骨头，敢于涉深水区，敢于逆流而上，在艰苦奋斗中净化灵魂、磨炼意志、彰显担当，做新时代的奋斗者、追梦者和引领者。

（二）劳动最光荣，劳动最崇高，劳动最伟大，劳动最美丽

2013 年 10 月 23 日，习近平总书记在同中华全国总工会新一届领导班子成员集体谈话时指出："要在全社会大力弘扬我国工人阶级的优秀品质，大力宣传劳动模范和其他典型的先进事迹，加强对广大青少年的教育，让劳动最光荣、劳动最崇高、劳动最伟大、劳动最美丽的观念蔚然成风，让全体人民进一步焕发劳动热情、释放创造潜能，通过劳动创造更加美好的生活。"在"四最"中，我们看到的是对劳动的尊重，也是对劳动者的尊重。

新时代的劳动价值理论包括了劳动和劳动者两个对象在认知与实践两个层面的具体阐释。在认知层面聚焦如何看待劳动和劳动者，包括正确认识劳动的价值以及如何看待劳动者的地位和作用，强调要树立崇尚劳动的价值原则和尊重劳动者的主体地位与尊严的价值取向。"劳动最光荣、劳动最崇高、劳动最伟大、劳动最美丽"，是新时代关于劳动和劳动者认知的最科学、最

生动的阐释。

1. 劳动最光荣

劳动最光荣旨在肯定劳动和劳动者的地位及作用。劳动最光荣体现的价值评判不仅仅在于劳动是光荣的，还在于劳动者也是光荣的。一方面，劳动创造丰富的物质财富和精神财富。人类社会的发展和进步都离不开辛勤劳动，劳动的形式和内容千差万别，但正是这些劳动共同创造了丰富多彩的外部世界和内部世界，延续着人类的历史和文明。另一方面，劳动的主体是劳动者，从事具体劳动的人也是光荣的。人用自己的双手和大脑创造着世界文明。劳动者的历史地位不可忽视，对劳动者地位、作用的积极评价代表着社会文明进步的程度，劳动者也需要一种对自身劳动行为的积极肯定，为劳动者的劳动提供内生动力，同时明白劳动对于自身价值的重要作用。

2. 劳动最崇高

劳动最崇高体现了一种目标追求，劳动连接着理想信念和精神境界。一方面，劳动是追求崇高理想的必需手段，没有劳动的付出，崇高理想的目标只是海市蜃楼。劳动赋予人类敢于树立梦想和实现梦想的勇气与力量。因为劳动使人的能力和才干得到提升，拓展了实践的领域和视野，能够为梦想追逐过程中遇到的难题和障碍提供解决途径。劳动也锻炼了人的意志，培育了人类不畏艰难勇于攀登的精神，这大大增强了实现崇高理想追求的信心与动力。另一方面，劳动造就了崇高精神境界。拥有崇高精神境界的人，都经历了劳动过程的不断锤炼和持续考验，"故天将降大任于是人也，必先苦其心志，劳其筋骨，饿其体肤，空乏其身，行拂乱其所为，所以动心忍性，曾益其所不能"。劳模精神、工匠精神在新时代的大力弘扬，正是因其具有的崇高精神境界，劳动者爱岗敬业、无私奉献、不求回报，为社会、为他人默默付出，社会因他们的付出硕果累累。①

3. 劳动最伟大

劳动最伟大旨在引导人们认识劳动的本质与价值。劳动最伟大蕴含着一种历史创造，劳动孕育伟大同时也创造着伟大。劳动创造了人本身，劳动创造了辉煌的文明，正是劳动开发并一直激发人类创造的潜能，为伟大事业的实现提供物质基础和精神基础。中华儿女在新时代，也正用他们的劳动和智慧在中国大地上创造着新的伟大，为迈向社会主义现代化强国创造着一个又一个伟大的奇迹。所以劳动的伟大，不仅意味着劳动创造着伟大，更意味着

---

① 刘向兵. 新时代高校劳动教育论纲［M］. 北京：社会科学文献出版社，2019.

壮丽的文明是由伟大的劳动人民所创造，劳动者是伟大的。

4. 劳动最美丽

劳动最美丽是从审美活动角度突出劳动的美学内涵。"劳动最美丽"，不仅指劳动行为的美丽，而且要求劳动者在劳动的过程中塑造出美丽的心灵、高尚的道德和品格。一方面劳动创造了美，美是生活，文学、音乐、建筑等艺术之美也是在人类认识世界和改造世界的过程中产生的。另一方面，坚强、奋斗、拼搏的品格和自我完善的美好心灵、高尚品质等一直贯穿在劳动过程中。劳动不仅创造着外部世界的美，也丰富着人的内在世界，丰富着人类的灵魂。

（三）辛勤劳动、诚实劳动、创造性劳动

辛勤劳动、诚实劳动、创造性劳动是新时代劳动价值理论中劳动和劳动者两个对象实践层面的具体阐释，是劳动的价值规范，阐释了什么样的劳动才是创造物质财富和精财富的真正源泉。当今世界正经历百年未有之大变局，我国正处于实现中华民族伟大复兴的关键时期，经过长期奋斗，我国经济实力、科技实力、综合国力跃上新的大台阶，人民生活水平显著提高，中华民族伟大复兴向前迈出了新的一大步。我们期待着用劳动创造属于中国的新辉煌，这意味着我们迎来了更多的发展机遇，同时也会面临着更多的挑战。新时代我们要什么样的劳动，换言之，怎样的劳动才能更好地谱写"中国梦"？新时代对劳动规范出了新要求。新时代的劳动必须与社会主义市场经济相适应，要明确倡导"辛勤劳动、实劳动、创造性劳动"，方能建设自由、平等、公正、法治的美好社会。辛勤劳动是基础，诚实劳动是准则，创造性劳动是方向和目标。

1. 辛勤劳动

辛勤劳动是劳动实践的基础，"一勤天下无难事"，辛勤劳动是我们每个人对劳动应有的基本态度和要求，是诚实劳动、创造性劳动的前提和基础，只有付出才有回报，只有奋斗才能前行，劳动付出与劳动成果从来都是对等关系。自古以来，人类的每一点进步都是奠基于勤勉的劳作之上，小至原始人打磨的每一件石器工具，大至上天入地的智能设备，其背后皆是劳动者付出的万般辛劳。天上不会掉馅饼，人生没有免费票，人生的本来意义就是一个劳动实践的体验过程，在不懈地改造自然界、改造人类社会及改造人的思维世界的劳动实践中存在，这是人的根本存在方式。

作为人的体力和脑力的付出，任何劳动都是辛苦的。我们周围的一切都

是劳动创造的，而且时时刻刻都离不开劳动。正如马克思所说，任何一个民族，如果停止劳动，不用说一年，就是几个星期，也要灭亡，劳动的辛和勤是劳动的崇高和伟大所在，也是劳动应该得到整个社会尊重的基本理由。正因为劳动是辛勤的，每一个有劳动能力的人都应该把劳动看作自己应尽的职责和神圣的义务，热爱劳动，参加劳动，在劳动中做到不怕苦、不怕累，不管做任何事，都要讲奉献、讲坚持，以平凡的工作、辛勤的劳动作为我们参与社会生活的阶梯，用辛勤的劳动在全社会树立和倡导劳动光荣、劳动伟大的风尚。辛勤劳动的人最懂得辛勤劳动的可贵。有了每个人的辛勤，劳动一定会在全社会得到应有的尊重。中华民族自古以来勤劳、善良，以"天行健，君子以自强不息"的浩然之气，在这片土地上辛勤耕耘，创造了不曾中断的五千多年的文明，形成了博大精深的中华优秀传统文化。我们今天更要以辛勤劳动为荣，用汗水和智慧筑梦中国之富强、民主、文明。

2. 诚实劳动

诚实是做人之本，诚实劳动是劳动的根基，诚实劳动是劳动实践中必须遵循的基本准则。

诚实劳动是指在各种法规、各项政策允许的范围内所从事的各种有益于社会发展的体力和脑力劳动，如从事工农业生产、商业服务、科研和文教卫生工作，以及社会咨询、信息传播等。同时，诚实劳动又是指劳动者以主人翁的态度对待劳动的一种道德规范。它具体表现为：每一个有劳动能力的人都应该把为社会而劳动看作自己应尽的职责和神圣的义务，尽己所能地从事劳动；在劳动中发扬首创精神，不墨守成规，不满足现状，善于吸收各时代、各民族、各国的好东西，敢于在前人、他人成果的基础上努力学习，掌握最新的科学技术，使用最先进的科技装备。由此可见，诚实劳动是以合法劳动为基础的辛勤劳动、智慧型的劳动。它既是劳动者品质的体现，又是创造美好生活的必由之路。[①]

首先，我们倡导诚实劳动，是因为只有诚实劳动才能创造坚实的社会物质基础。社会发展和科技进步使得劳动方式不断改变、劳动内容不断丰富、劳动价值不断升华，但无论劳动形态怎样变化，用诚实劳动创造我们的美好生活，都是时代的最美音符，都是时代的最美风景。从诸多对社会做出贡献的成功企业的经验来看，它们都是因诚实经营而获得了发展，因诚实劳动而获得了成功。它们的发展轨迹都是实实在在的，都是"抓铁有痕，踏石留

---

① 刘向兵. 新时代高校劳动教育论纲 [M]. 北京：社会科学文献出版社，2019.

印"的，绝非由唯利是图、投机取巧而成功的。个别弄虚作假、坑蒙拐骗、蓄意炒作的企业即使曾名噪一时，也经不起时间的"推敲"，最终必然轰然倒下。这样的企业对社会来说只能是一种祸害，是一种"另类"劳动。

其次，我们倡导诚实劳动，是因为只有诚实劳动才能营造健康的社会氛围。"劳动创造财富"是众所周知的道理，但我们对其的理解往往是一般意义上的理解，即从物质财富这一层面去理解。其实，劳动所创造的财富不仅仅是物质财富，更包含着宝贵的精神财富。劳动和道德高尚是人类社会对每一个社会成员的美好愿景。诚实劳动是成就梦想的基石，是社会发展的动力。我国经济的科学发展，社会的不断进步，离不开无数诚实劳动者的卓越劳动和忘我拼搏。神舟飞天、"蛟龙"探海、高铁飞驰、北斗组网，经济总量稳居世界第二，社会和谐稳定，人民生活水平持续改善等这些巨大成就，无不一一证明了诚实劳动推动着社会文明的高度发展。

诚实劳动是价值境界的体现。不同的岗位，有不同的劳动；不同的付出，有不同的价值彰显。在自己的工作岗位上恪尽职守、辛勤劳动可说是一种价值，而在此价值上体现出任劳任怨、无私奉献，就是实现自己人生价值的一种境界。

不可否认，时下社会上有一部分人对"诚实劳动"的认识已偏离其本义，甚至将"诚实劳动"视为"无能"的代名词，反而把投机取巧、耍奸偷懒视为有本事。改革开放以来，社会上也确实有少数人通过投机取巧的办法，甚至利用一些不合法的手段积聚了一些财富。收入水平的差异又导致了劳动者身份认同发生了变化，社会阶层出现了分化。同时，金钱至上、蔑视劳动的观念也时有显现，有人寄希望于"巧取豪夺而一夜暴富"的神话出现。

所以，我们要大力弘扬以辛勤劳动为荣、以好逸恶劳为耻的荣辱观。正确理解劳动是财富的源泉，诚实劳动是每个自然人、法人必须履行的社会责任，把热爱劳动作为一种道德修养来不断提升。为此，我们要做诚实的劳动者，以创造、创新、创业激情，在诚实劳动中实现自己的人生价值。

3. 创造性劳动

党的十九大向全世界庄严宣告了中国的"新时代、新思想、新目标、新征程"，奏响了建设新时代社会主义现代化强国的号角。十九大报告的一个鲜明特色就是对创新的强调，明确提出了建设创新型国家和世界科技强国的宏伟目标。可见，创新对一个国家和民族的发展来说何其重要。因为当今社会，科技实力已成为影响国家综合实力的强有力因素，各国都非常重视高科技的研发创新，谁能在科技创新上立于前沿，谁就能掌握发展的主动权。在今天的中国，创新成了驱动发展的重要力量，只有依靠创新才能实现高水平的发展，才能激发社会活力，不断满足人民群众的需求。创新是一个民族进步的灵魂，是国家兴旺发达的不竭动力。发展才是硬道理，创新型国家的建设是国家发展的根本大计，是新时代中华儿女的神圣使命。

创造性劳动是指人的脑力劳动萌发出知识、技术、思维的革新，从而提高劳动效率产生出超价值的社会财富或成果的劳动，它是探索、发现、使用人类不曾使用过的技能手段、材料、工具等，创造新的产品或新的生产方式，从而提高社会效率的劳动。创造性劳动建立在开放性思维和挑战性实践的基础上，是不断探索创新的过程。创造性劳动要求具备主动创新意识，在人类现有的知识体系中实现新的创造。新时代劳动价值观注重创造性劳动，提倡首创精神，呼唤创新意识和创造性思维。"大众创业、万众创新"理念的提出，把创新劳动的地位提高到了前所未有的新高度。创造性劳动是改革创新的时代精神和保持工人阶级先进性的客观要求，它不仅对推动国家和企业发展具有重要意义，同时，它也能增加劳动者自身收入、提升个人价值，从而为实现体面劳动、全面发展创造了可能。只有不断增加创新性劳动、创造性劳动，才能使中国梦更加贴近现实、更快照进现实。①

创造性劳动体现了体力劳动和脑力劳动的结合，是辛勤劳动、诚实劳动的发展，也是劳动的核心和本质要求。创造性劳动就是在劳动中不断探索和创新。创新与劳动是互为表里，互为支撑的。从猿人举起第一块石器开始，一直到今天，科学技术所创造的一切前所未有的奇迹，都是创造性劳动，都是劳动中的创新。一切创新、创造都是辛勤劳动、诚实劳动的结果，都是在辛勤劳动、诚实劳动中实现的。人类劳动的开端就是创新，劳动的发展也是不断创新创造。即便是传统意义上的劳动模范，所做的也不只是体力劳动。一些被誉为"匠心筑梦"的大国工匠，他们令人震撼的是对职业有热忱，对劳动有热爱，以及掌握炉火纯青的技艺。如果只是简单重复"低级"劳动，而没有创新精神，没有日复一日地钻研，就不可能成为大国工匠，也不可能被评为劳模。

在科学技术飞速发展，思想文化日益进步的今天，没有创新创造的劳动已经失去了劳动的本来意义。我们要在劳动中广泛运用科学技术知识，进行创造性劳动，提高劳动的效率和质量，赋予辛勤劳动、诚实劳动以时代意

---

① 刘向兵. 新时代高校劳动教育论纲［M］. 北京：社会科学文献出版社，2019.

义，使劳动能够持续闪耀最光荣、最崇高、最伟大、最美丽的光辉。

创造性劳动是劳动实践的发展方向和目标。奠基于辛勤劳动之上，秉持诚实劳动之准则，人类迎来劳动实践的最美好最高级形态即创造性劳动。创造性劳动既是实现"人的自由全面发展"的手段，也是"人的自由全面发展"的劳动状态。一方面，"人的自由全面发展"的实现依赖于每个人的创造性劳动，即通过发挥人的主观能动性，使人的创造才能尽情涌现，为实现"人的自由全面发展"开辟道路；另一方面，"人的自由全面发展"实质上是未来共产主义社会人的劳动状态和生活方式，这种"人的自由全面发展"的劳动就是实现人的智力与体力完美结合的创造性劳动，它把劳动对人性的束缚转化为劳动自由，是人类社会孜孜以求的目标，也是劳动实践发展的必然方向。

创造性劳动是新时代大学生的责任和使命，这种使命感又与践行社会主义核心价值观相契合。创造性劳动充分体现出当代社会主义建设者的敬业精神，"干一行、爱一行，专一行、精一行"，以技术创新不断填补空白，推陈出新，在百舸争流、千帆竞发的洪流中勇立潮头，为国争光。从这个意义上说，实现中华民族的强国之梦，亟需延续创造性劳动精神。

二、当代中国劳动价值观的发展

1949 年以后，马克思主义劳动价值观逐渐确立起来，改革开放后随着市场经济的发展，人们的劳动价值观也呈现出多元化的特征。党的十八大以来，伴随着全面深化改革，中华民族的伟大复兴呼唤着劳动光荣、劳动崇高、劳动伟大的马克思主义劳动价值观的弘扬。

（一）马克思主义劳动价值观的确立

从 1949 年到 1966 年，是马克思主义劳动价值观的逐步确立时期。中华人民共和国的成立，让劳动人民得到了真正的解放并成为社会的主人。这一时期，伴随着马克思主义劳动价值观的宣传与教育的广泛开展，马克思主义劳动价值观在全社会逐渐深入人心。

1. 劳动价值主体地位的确立

马克思主义认为，劳动是人和人类社会存在和发展的基础，是社会财富的源泉。旧社会的劳动人民处于社会最底层，劳动并没有给他们带来幸福，反而是统治阶级剥削劳动人民的手段。1949 年，中华人民共和国成立后，人民当家作主，劳动者的地位得到了极大提高。劳动成为社会动员的主题，"爱劳动"构成劳动价值观的核心，"劳动光荣"成为时代的主旋律。劳动人民成为生产资料的主人、国家的主人，劳动才真正实现了为自己、为他人、为国家与社会的有机统一。社会主义制度的建立，确立了劳动人民的劳动价值主体地位，它是马克思主义劳动价值观在当代中国得以实现的基石和前提条件。

2. 以集体本位为主导的劳动价值观成为主流价值观

集体主义是社会主义的应有之义。中华人民共和国的成立，激发了全国人民爱国、爱党、爱人民、爱社会主义的热情，"为人民服务"成为社会的主流价值观，全国各族人民积极响应党和国家的号召，全面投入建设社会主义伟大事业的激流中。以集体感为导向的新的价值取向逐渐形成，以个人为本位的劳动价值观被视为落后的、消极的，会遭到全社会的批判。

这一时期，社会平等意识空前，社会公正让劳动者在政治生活中心情舒畅，激发了劳动的积极性。

（二）马克思主义劳动价值观在认识和实践上的多样化

1978 年，中共十一届三中全会召开，到党的十八大的召开，马克思主义劳动价值观随改革开放的逐步深化而呈现多样化。中共十一届三中全会的召开标志着我国进入了"以经济建设为中心"的社会主义现代化建设新时期，改革开放的提出和发展使国家进入了新的历史发展阶段。

1. 改革开放初期——"劳动致富"

改革开放后，社会发展走向正常运转的轨道，国家提倡让一部分人先富起来，以先富带动后富。过去的以集体为本位的劳动价值观面临挑战，个体的劳动热情被激发出来，"勤劳致富"的劳动价值观随之形成。个体利益得到彰显，个人需求得到了激发，劳动者的热情高涨，追求物质利益成为劳动者的正当而又重要的目标。传统的集体主义价值观，在国家动员与个人利益之间产生了巨大的张力。在"允许一部分人先富起来"的号召下，一度出现了"脑体倒挂"的现象。当时国内没有大规模发展高科技产业的能力和条件，多数产业是劳动密集型产业，其特点是技术含量低、见效快，许多文化知识水平不高的人凭借勤劳、能吃苦的精神就可以赚很多钱。20 世纪 90 年代，随着社会主义市场经济的建立和发展，知识和技术作为生产因素进入商品化交易的环节中，加之社会自动化程度的不断提高和计算机技术的广泛应用，产业从劳动密集型逐渐向知识密集型和技术密集型转变，脑力劳动者的收入和报酬得到了较大程度的改善，至此，"脑体倒挂"的现象逐步减少。①

2. 劳动价值取向呈现多样化

劳动价值取向呈现多样化具体表现在以下方面：

（1）劳动价值取向的世俗化。在拜金主义、享乐主义等思想影响下，一些人的价值取向逐渐显现世俗化倾向。劳动不再是神圣的，劳动者也不再是光荣的称号，取而代之的是对名利的崇拜，市场经济条件下的"一夜暴富"等现象，使得一些人对诚实劳动、创造性劳动和合法经营等马克思主义劳动价值观不屑一顾，甚至不惜一切手段去寻求成功的"捷径"。

（2）劳动价值取向的功利化。在市场经济的影响下，根据社会的、市场的需求来选择自己的行为成为一些人的选择。关注自身利益、强调个人价值，不再关心如何服务社会，更好地适应社会以谋求自身利益最大化的功利主义劳动价值观已经占据了不少人的头脑。

（3）价值取向的矛盾化。在新旧因素并存、交织、碰撞的社会体制转型期，多元价值观并存和冲突成为历史的必然，这种种冲突反映在劳动问题上，就是人们劳动价值取向的矛盾化。人们虽然认同马克思主义劳动价值观，但同时也容易被社会上的不良风气所影响，

（三）马克思主义劳动价值观在全面深化改革背景下的弘扬与发展

党的十八大，特别是中共十八届三中全会提出全面深化改革的目标任务以来，人们面临的劳动问题更加纷繁复杂，劳动价值取向也将日趋多元，这些都亟待通过弘扬和发展马克思主义劳动价值观来引导。党的十八大以来，习近平总书记多次围绕劳动的价值、弘扬劳动精神、构建和谐劳动关系等内容进行深刻阐述，内涵丰富、思想深邃，为决胜全面建成小康社会、夺取新时代中国特色社会主义伟大胜利、实现中华民族伟大复兴的中国梦提供了强大的思想引领和精神支撑。

1. 劳动最光荣

从推动人类社会发展进步的高度，充分阐释了劳动的巨大作用和价值，对全社会尊重劳动、崇尚劳动、热爱劳动提出明确要求，对全社会进一步树立劳动意识、培养劳动观念，通过劳动创造更加美好的生活具有重要指导意义。

---

① 刘向兵. 新时代高校劳动教育论纲［M］. 北京：社会科学文献出版社，2019.

2. 弘扬劳模精神

进一步明确了劳模精神、劳动精神、工匠精神在我们伟大民族精神中的地位和作用，深刻阐明了劳模精神、劳动精神、工匠精神的深刻内涵，向全社会发出弘扬劳模精神、劳动精神、工匠精神的号召，为全社会见贤思齐、凝心聚力，决胜全面小康、决战脱贫攻坚、夺取疫情防控和实现经济社会发展目标双胜利提供了强大的思想引领与精神支撑。

3. 尊重劳动者

站在关系党和国家事业发展全局的战略高度，对尊重劳动、保障劳动者权利提出明确要求，充分体现了以人民为中心的发展思想和全心全意依靠工人阶级的方针，为各级党委、政府和全社会健全维护群众权益机制，扎扎实实解决好群众最关心、最直接、最现实的利益问题，以及解决最困难、最忧虑、最急迫的实际问题，不断赢得群众的信赖和支持提供了根本遵循。

4. 建设高素质劳动大军

把提高劳动者素质摆在事关国家和民族的长远大业，事关改革发展稳定大局，事关劳动者根本利益和整体利益的重要位置，充分体现了以习近平同志为核心的党中央对工人阶级的高度重视和巨大关怀，为我们深入实施科教兴国战略、人才强国战略、创新驱动发展，引导广大职工和劳动者树立终身学习现念，推动建设宏大的知识型、技术型、创新的劳动者大军指明了前进方向。

第三节　培养新时代劳动价值观

要培育新时代大学生树立正确的劳动价值观，除了学校要贯彻执行党中央的精神，加强学校劳动教育、上好劳动教育这门课之外，关键的是大学生个人要坚定信念、树立崇高的理想，立足于自我发展和国家民族发展相融合；端正态度，正确认识劳动的地位和价值；不断提高自我教育、自我管理、自我完善的能力，树立正确的劳动观念，养成良好的劳动习惯。

一、坚定信念，树立崇高理想

习近平总书记在纪念五四运动 100 周年大会上发表重要讲话，指出："新时代中国青年要树立远大理想。青年的理想信念关乎国家未来。青年理想远大、信念坚定，是一个国家、一个民族无坚不摧的前进动力。青年志存高远，就能激发奋进潜力，青春岁月就不会像无舵之舟漂泊不定。"

当代中国大学生肩负的历史使命是继往开来，把我国建成富强民主文明和谐美丽的社会主义现代化强国，实现中华民族的伟大复兴。当代大学生要成为社会主义建设的中坚力量，必须有崇高的理想和坚定的信念。新时代劳动价值观是处于新时代中国特色社会主义环境下，对于社会主义建设者的价值观提出的要求，是社会主义核心价值观的体现，新时代大学生要树立正确的劳动价值观，必须以社会主义核心价值观为中心，自觉刻苦学习，优化知识结构，强化创新意识，积极参与劳动实践活动。①

今天的中国，个人梦想与国家前途密不可分，国家富强和人民幸福紧密相联。从户籍改革打破身份壁垒，到高考招生进一步向农村倾斜；从简政放权激发社会活力，到商事制度改革降低创业门槛，一系列重大改革举措扫除体制机制积弊，致力权利公平、机会公平、规则公平，为每位劳动者提供了梦想成真、人生出彩的机会。惟有争分夺秒去把握、朝乾夕惕去奋斗、埋头苦干去成就，才能不负时代的丰厚馈赠。

二、手脑并重，知行合一

《大中小学劳动教育指导纲要（试行）》明确提出："让学生动手实践、出力流汗，接受锻炼、磨炼意志，培养学生正确劳动价值观和良好劳动品质。""强调身心参与，注重手脑并用。把握劳动教育的根本特征，让学生面对真实的个人生活、生产和社会性服务任务情境，亲历实际的劳动过程，善于观察思考，注重运用所学知识解决实际问题，提高劳动质量和效率。"

自我教育首先要解决认知问题，让自己自觉自愿劳动。要自觉落实日常劳动实践要求，"以行促知"。只有通过亲身劳动，才能真正培养出热爱劳动和尊重劳动人民的品质；只有亲身体会到依靠自己双手劳动为自己提供生存基础的精神满足感，才能真正培养出热爱劳动的品质和尊重劳动人民的思想感情。2015年4月28日，习近平总书记在庆祝"五一"国际劳动节暨表彰全国劳动模范和先进工作者大会上提出"以劳动托起中国梦"，可见美好而宏伟的梦想必须立足当下、脚踏实地，通过一点一滴的耕耘积累才能实现。因此，每一个人对未来人生美好的憧憬，都要基于正确的劳动观，通过尽心尽力做好每一件事，在体力劳动与脑力劳动相结合中，才能实现目标、实现

---

① 何卫华，林峰. 大学生劳动教育理论与实践教程［M］. 厦门：厦门大学出版社，2019.

梦想。当代大学生必须在劳动中手脑并重，知行合一，亲历实践、坚持实践、感悟实践、创新实践，在实践中，培养劳动观念、劳动态度、劳动习惯和劳动精神，提升劳动素养，切切实实用自己的劳动托起伟大复兴的中国梦。

三、践行终身学习

新时代劳动价值观的形成需要大学生树立终身学习的理念，更要在学习工作中努力践行。终身学习是指社会每个成员为适应社会发展和实现个体发展的需要，贯穿于人的一生的持续的学习过程，就是指活到老学到老，学无止境。

新时代劳动价值观的确立，是为了更好地适应国家、民族未来的长足发展，为了更好地建设中国特色社会主义。当今时代，世界飞速变化，新情况、新问题层出不穷，知识更新的速度大大加快。人们要适应不断发展变化的客观世界，就必须将学习从单纯的求知变为生活的方式，努力做到活到老学到老，终身学习。终身学习是人类认识自然和社会、不断完善和发展自我的必由之路。无论一个人、一个团体，还是一个民族、一个社会，只有不断学习，才能获得新知，增长才干，跟上时代。新时代劳动价值观是伴随着新时代发展的脚步对劳动和劳动者的价值认知，它构建在传统的认知基础之上，又是时代发展和进步的结果，也是一个开放的、不断丰富的体系。人们也越来越认识到，实践无止境，学习也无止境。"吾生也有涯，而知也无涯"，我们要树立终身学习的理念，养成善于学习、勤于思考的习惯，实现学以养德、学以增智、学以致用。要适应新一轮科技革命和产业变革的需要，密切关注行业、产业前沿知识和技术进展，勤学苦练，深入钻研，不断提高技术技能水平。[①]

大学时期的学习固然重要，但大学毕业不意味着学习的结束，而是一个新的征程的再出发。要成长为社会主义的优秀建设者，践行终身学习势在必行。

劳动是人们进行的一种有目的、有意识地改造自然界和人类社会的实践活动，是人类社会生存和发展的基础。正确的劳动价值观有助于人们正确地去看待和对待劳动，帮助人们懂得尊重劳动、热爱劳动人民，珍惜劳动成果，以积极主动的劳动热情投入到生产劳动中，为创造物质和精神财富贡献

---

① 何卫华，林峰. 大学生劳动教育理论与实践教程［M］. 厦门：厦门大学出版社，2019.

力量。错误的劳动价值观念则会支配人们持相反的劳动态度和做出相反的劳动选择，对人们生活和社会生产带来负面的影响。大学生作为新时代中国特色社会主义事业建设者和接班人，承担着实现中华民族伟大复兴的使命，他们的劳动价值观念正确与否不仅关系着他们自身的德智体美劳能否全面发展，也在一定程度上影响着整个社会对于劳动价值观念和劳动价值取向的认识，也影响到社会发展的进程。所以当代大学生劳动价值观的培育势在必行。

第三章
大学生劳动情怀的涵育

第一节　劳动情怀的内涵

"情"指的是人的心境或情感，"怀"则包含"怀有、拥有"或"心胸、胸怀"之意。情怀即怀有某种情感，对事物发自内心的向往、喜爱、依恋和追求，甚至于一种执念。情怀同样是一个中性词，但与品德不同，情怀并没有一种明确的社会规范，有浓淡之分，无优劣之别，可以区分有无，不能评判高低，重在个体心灵的满足而非功利的得失，类似于"诗和远方"。由此推之，"劳动情怀"即个体对劳动所怀有的情感，通常带有积极或正向的意味。

一、爱劳动

劳动是人类体力和心力的消耗，是一种辛苦的付出，人在潜意识里对其存在排斥倾向！但劳动最终换回的是财富的增加、需求的满足、自由的释放和幸福感的提升。因而，劳动无论在形式上还是在本质上都蕴含着种内在的美感，能够激发人们对于美的体验。换句话讲，正是劳动创造了美好的生活！只有那些热爱生活的人，才能在内心深处懂得劳动的真正意义，也才能够怀揣对劳动本身的热爱之情感悟和欣赏劳动之美，并自觉地投入到火热的劳动实践之中。

（一）劳动创造美好生活

劳动是人的本质，也是价值的源泉。英国古典政治经济学家威廉·配第有一个著名的说法："土地是财富之母，劳动是财富之父。"幸福生活不会从天而降，美好生活靠劳动创造获得。劳动是财富的源泉，也是幸福的源泉。人世间的美好梦想，只有通过诚实劳动才能实现；发展中的各种难题，只有通过诚实劳动才能破解；生命里的一切辉煌，只有通过诚实劳动才能铸就。衣食无忧者的劳动带有了一定的休闲寓意，因而比较容易感知劳动之美，但即便是那些为生活所迫而从事的劳动，因为有了背后对于美好生活的追求，同样展现出一种美感。

茅盾文学奖获奖作品《平凡的世界》描绘了巨大变迁下劳动人民与命运斗争的过程。主人公孙少平为了追求广阔的精神世界，走出黄土高原，经历种种磨难成为有身份有稳定收入的矿工，"在沉重的牛马般的劳动中一直保持着巨大的热情"。同宿舍的人有偷懒的，有四处寻找关系以便调出煤矿的，等到了发工资的时候，孙少平获得了与他们差异巨大的回报，初来时那个毫不起眼的小伙子得到了大伙儿由衷的尊重。"劳动给人带来的充实和不劳动给人带来的空虚，无情地在这孔窑洞里互为映照。"孙少平领悟到，"只有劳动才可能使人在生活中强大。不论什么人，最终还是要崇尚那些能用双手创造生活的劳动者"，"要想求得解放，唯一的出路就在于舍身投入劳动"。①

文学源于生活，《平凡的世界》体现了作者路遥丰富的劳动观和那一代人通过劳动创造美好生活的情怀，平凡的人通过勤劳的双手可以创造出不平凡的物质和精神世界，这样的劳动情怀无关乎岗位也无关乎地位。幸福，或者说生存的价值，并不在于我们从事什么样的工作。在无数艰难困苦中，又何尝不包含人生的幸福？《平凡的世界》中蕴含的劳动情怀激励着无数不同时代的年轻人不断奋发进取。

（二）初步感知劳动之美

劳动过程除了体力上的消耗总是伴随着精神上的审美活动。个人对劳动之美的认识和理解各有不同，但由各自认知所引发的心理层面对劳动的美好感觉却十分相似，《苏霍姆林斯基论劳动教育》就毫不吝啬地表达了对劳动之美的由衷赞叹。劳动的美有时在于收获了原本期待的物质结果而产生的获得感，有时在于实现了自己的某种设想而享受到的满足感，有时在于自己对于集体履行了某种责任而升腾的价值感，有时也在于对劳动过程做出了某些革新而得到的创造感。劳动者在劳动过程中充分发现美、感受美、创造美，而这些对于劳动丰富的审美体验让他们的劳动情怀更加深厚、更加长久。劳动之美所激发的个体心灵对于劳动的美好感觉也体现在不同形式的艺术和

---

① 路遥. 平凡的世界 [M]. 北京：北京十月文艺出版社，2017.

文化之中，这是由于劳动者在劳动过程中往往会将其中的审美体验外化为某种形式的艺术，形成某些独特的文化。比如羌族人经常用歌声表达劳动情怀，表达对劳动和生活的热爱和期待，自古就有"萨朗不歇、羌歌不断、月亮不落、星星不睡"的民歌盛况。① 甚至有人说"文学源于劳动"，在集体劳动的过程中，为了减轻劳累和鼓舞劳动，经常会用协同的动作，发出带有一定节奏和旋律的呼声，便由此形成了原始的诗歌、音乐和舞蹈。鲁迅先生也曾说，"为了共同劳动必须发表意见，才渐渐地练出复杂的声音来"，比如在抬木头时候发出"杭育"的声音。② 又比如，长海人无论是海上打鱼还是海上运输，都会用号子来抒发劳动情怀，展现团结一心、奋发图强的精神面貌，长海号子在过去的生产和生活中起到非常重要的作用。③ 一些诗歌、音乐、舞蹈、戏剧、文学等是在劳动之美的感染下产生的创作，同时也是劳动之美的外在体现。

（三）发自内心热爱劳动

从认识劳动之美到产生热爱劳动之情，对劳动的热爱并非都是与生俱来的，而是在学习和实践的劳动过程中逐步酿成的，从而赋予劳动情怀一定的教育价值。发自内心地热爱劳动受到两个方面的影响：一是劳动的主体性，二是劳动的社会性。马克思在《1844 年经济学哲学手稿》中指出："只有音乐才能激起人的音乐感；对于没有音乐感的耳朵来说，最美的音乐毫无意义。"这里马克思既肯定美的独立性，又强调审美的主体性。一方面，只有当劳动者发现、体验到劳动之美，并在劳动过程中不断创造劳动之美，才能产生对劳动发自内心的热爱之情，这就是劳动的主体性。另一方面，在不同的社会制度下，劳动与劳动者的关系有很大的不同，导致劳动者对劳动的观念、意识和情感也有较大的差异。

只有当劳动是"自由自觉"的活动时，劳动者才能在更大程度上热爱劳动。恩格斯在《劳动在从猿到人转变过程中的作用》一文中强调，"随着手的发展、随着劳动而开始的人对自然的支配，在每一新的进展中扩大了人的眼界。他们在自然对象中不断地发现新的、以往所不知道的属性"。也就是说，在最初的劳动形式中，劳动让人意识到自己能够作用于大自然，对自己

---

① 陈辉，佐世容，朱婷．羌族民歌在高等艺术院校声乐教学中的运用与演绎［M］．成都：四川大学出版社，2013.

② 鲁迅．门外文谈［M］．北京：北京出版社，2016.

③ 孙激扬，杲树．长海史话［M］．大连：大连海事大学出版社，2008.

力量的意识和对事物的主宰感随着劳动过程的推进越来越强烈，由此恩格斯说"劳动创造了人本身"。① 在传统的农耕文化下，这种互动方式仍然存在，劳动是人的"有目的的意志"，劳动的果实是实实在在的，是看得见摸得着的，是属于劳动者自己的。范成大在诗歌《夏日田园杂兴·其七》中写道："昼出耘田夜绩麻，村庄儿女各当家。童孙未解供耕织，也傍桑阴学种瓜。"村庄儿女对劳动的热爱是在自然状态下耳濡目染获得的。第一次工业革命后，大机器生产逐渐取代了分散的小规模手工活动，雇佣开始出现，分工和专业化使得人类劳动能力达到前所未有的水平，但马克思却尖锐地指出："资本主义生产方式下异化劳动使得工人日益贫困，在异化劳动下对劳动的热爱很难养成。"② 从各种形式的劳工运动到国际劳工组织在各国推进国际劳工标准，实际上都是在试图争取或者积极改变劳动者的处境，让劳动者享受到更多的劳动果实，真正实现"体面劳动"。情由境生，劳动者的处境改善了，劳动重新成为"自由自觉"的活动时，劳动者在辛勤劳动过程中能保持其尊严，获得全面、充分、自由的发展，实现其人生价值，对劳动的热爱才能油然而生。

二、乐劳动

仅仅抽象地理解劳动对于人类生活改善的意义，虽然能够初步唤起人们对于劳动美的感觉，但还不足以换来人们持久的劳动行为。只有带着对劳动的美好感觉，在具体生动的劳动过程中体验到了劳动的乐趣，才能产生持续参与劳动的动力，保持继续劳动的状态。因而劳动情怀发端于对劳动美的感知，贯穿始终的却是在劳动过程中收获的满足感。作为一种生理唤起状态，这种满足感能够让人油然而生快乐情绪，大多数时候甚至根本无关于功利得失，完全沉浸于心灵深处对生活趣味的品赏。

（一）从劳动过程中获得满足感

苏霍姆林斯基曾指出："当一个劳动者把他的智慧、情感和意志都投入到某种工作中的时候，他才会在这种最平凡的工作中找到满足的源泉。"劳

---

① 中共中央马克思恩格斯列宁斯大林著作编译局. 马克思恩格斯文集：第 9 卷 ［M］. 北京：人民出版社，1995.

② 马克思. 1844 年经济学哲学手稿 ［M］. 北京：人民出版社，2000.

动满足感是一种心灵的满足感，而非功利得失。看着地里庄稼成熟时饱满的果粒、精雕细琢打造出来的一件工艺品……劳动，瞬间就填充了自己心灵中所有的空虚。"春种一粒粟，秋收万颗子"，带着劳动的汗水，看着麦苗一点点成长，是一种丰收的满足。"绿遍山原白满川，子规声里雨如烟。乡村四月闲人少，才了蚕桑又插田"，紧张而繁忙的身影映照着的是一种充盈的满足。

（二）由劳动满足感激发快乐情绪

当个体劳动成为社会劳动的一部分，由劳动带来的自我满足感就会转化为社会成就感，人的自信心会增强，个体价值的实现会进一步激发人的快乐情绪。真正以劳动为乐，其内在价值在于促进劳动者认知和实践能力的提升以及性格和个性的圆融。很多诗人都用诗词记下自己从事田园劳动而获得的乐趣，陆游写下："暑耘日炙背，寒耕泥没脚……力尽功未见，厥土但如昨，岂惟窘糠粞，直恐转沟壑"；苏轼说："农父告我言，勿使苗叶昌。君欲富饼饵，要须纵牛羊。再拜谢苦言，得饱不敢忘"；还有陶渊明的劳动情怀："种豆南山下，草盛豆苗稀。晨兴理荒秽，带月荷锄归。道狭草木长，夕露沾我衣。衣沾不足惜，但使愿无违"。

（三）在快乐劳动中体会趣味生活

快乐情绪具有巨大的扩散效应或感染力，一个身处快乐劳动中的人，会不自觉联想到家人住进新房时的喜悦、孩子买到一本新书时的开心。在愉悦的劳动过程中体验劳动的幸福，以轻松的心态欣赏人生世间百态，是鼓励面对未经发现的生活的趣味，是一种崭新的体验。"茅檐长扫净无苔，花木成畦手自栽"，共同劳动生产不仅创造了优质的物质文化，也涵养了优质的精神文化。①

三、尊重劳动者

因为与创造美好生活无法割舍的内在关联，劳动情怀也不仅仅是个体的心理感觉和体验，而是一种全人类的共性感知，因而很容易产生尊重、欣赏、赞美、追求劳动之美的集体共鸣。

---

① 朱忠义. 劳动教育与实践 ［M］. 北京：北京理工大学出版社，2020.

（一）发自内心尊重其他劳动者

由衷热爱与尊重不同岗位上的劳动者，对劳动者发自内心地尊重，就要了解不同岗位劳动者的甘苦。教育家陶行知曾说："劳动教育的目的，在谋手脑相长，以增进自立之能力，获得事物之真知及了解劳动者之甘苦。"只有了解劳动者的甘苦，才能真正崇尚劳动，尊重劳动。尊重是伴随情绪出现的心理倾向和行为。环卫工人起早睡晚，夏日顶着酷热，冬天冒着严寒，穿梭在大街小巷，坚守在自己的工作岗位上。当你走在路上，把手上的垃圾放入垃圾桶中而不是随地乱扔，当你路过他们旁边时，给他们一个微笑，如果遇到他们有困难，提供力所能及的帮助，这些都是对环卫工人的尊重。快递小哥搬着包裹风风火火地赶路，争分夺秒地派件，当收到快递时，不要吝啬地说一句"多谢了，小哥"，当快递稍有延误时，对他们多一点理解，这是对快递小哥的尊重。

（二）由衷赞美全体劳动人民

改革开放以来，我国经济社会建设各个领域发生了翻天覆地的变化，生产力获得了极大的提高。这宏大的成就与我国经济体制改革带给个体和企业的激励有很大关系，还有资本的投入、教育的发展等都进一步影响着整个社会旧貌换新颜。而同样值得赞美的是全体劳动人民，无数个劳动者众志成城、艰苦奋斗，用他们的辛勤劳动为伟大事业贡献力量。因为他们，我国才能成为全世界唯一拥有联合国产业分类中全部工业门类的国家，建立了独立完整的现代工业体系，包括 41 个工业大类、207 个中类、666 个小类；高铁才能成为中国名片，成为中国速度的代表；北斗导航卫星才能发射成功；三代核电、5G……这些丰功伟绩都是由全体劳动者共同谱写的，每一个人都在各自平凡的岗位上书写着不平凡的英雄事迹。劳动者之歌不是仅仅依赖几个高音唱响，而是由亿万劳动者挥洒汗水、发出不同声部的音域共同奏响的；社会主义新时代也无法仅仅依靠我们世俗意义上的"精英"和优秀企业家来建设，而是依赖于全体劳动人民用自己的干劲、闯劲、钻劲来建设，只有尊重每一个劳动者，我们才能发挥全体劳动者的价值，才能随着美丽中国的时代脚步踏上新的征程。

（三）自愿成为劳动大军中的一员

崇尚劳动，向往劳动，让参加劳动成为受内心驱使的自觉行为。高尔基曾说："人的天赋就像火花，它既可以熄灭，也可以燃烧起来。而逼使它燃烧成熊熊大火的方法只有一个，就是劳动，再劳动。"申纪兰生前是全国唯一一位第一至第十三届全国人大代表，她的一生有很多荣誉和身份，但她最大的底色是农民，她打心底里热爱劳动。① 不论职位如何变化，她始终坚持参加劳动，始终坚信劳动最光荣、奋斗才幸福，用一生坚守"身不离劳动、心不离西沟"的劳模本色。② 在新冠肺炎疫情防控中，医务人员不顾安危冲在抗疫一线，社区工作者尽职尽责做好防护工作，无数志愿者奔走不息，有一分热，发一分光，正是这种爱岗敬业、无私奉献的劳动情怀让我们能够筑起铜墙铁壁，疫情防控取得阶段性成果。

第二节　大学生劳动情怀的维度与价值意蕴

一、大学生劳动情怀的维度

情怀时常表现为一种自觉自愿的"额外付出"，在劳动过程中，这种自愿的程度或额外的范畴不同，其劳动情怀的维度或层级也不同。大学生劳动情怀的维度可以指向个体的、与他人交往活动中的、与社会和国家的三个不同层级。在《关于全面加强新时代大中小学劳动教育的意见》中强调，要使学生具有劳动自立意识和主动服务他人、服务社会的情怀，培育爱岗敬业的劳动态度和主动作为的奉献精神，报效国家，奉献社会。

（一）调整个体情绪

情绪能带来巨大的能量去塑造自己和改变世界。正是情绪让人去创造、探索、建设、爱和奉献，有时候也是因为情绪人们才有争斗和冲突。一般而言，情绪是个人对其所认识的事物、所做的事情以及自己和他人的态度体验，包括所有在主观上体验到的、负载着情感的、有意识的心理状态，并总伴有一定的生理反应。③ 情绪调节能力是指将自己的情绪体验调整到适当水

---

① 新华网. 申纪兰的底色［EB/OL］. （2020-07-03）［2022-06-27］. http: // www. xinhuanet. com /mrdx/2020-07/03/ c_139185586. htm.

② 山西日报. 今天，万余群众自发送行申纪兰［EB/OL］. （2020-06-30）［2022-06-27］. http: //www. xhby. net/index/ 202006/t20200630_6707427. shtml.

③ 袁弘，王蕾. 辩证行为疗法与情绪调整［M］. 重庆：重庆出版社，2007.

平。情绪调整能力随着个体的成熟而不断发展，是大学生适应社会的重要能力。① 大学生的情绪调整能力会影响到大学生活的很多方面，情感与情绪本身又会受到很多因素的影响。心理学家认为情绪和认知相依相生，个体的情绪调整过程蕴含着其认知复杂性的高低，认知复杂性又会影响情绪调整的成熟度。认知提供发展的结构，情绪提供发展的能量。②

1. 主动积极

情绪的自我调整是管理行为的基础。大学生的情绪是丰富而多变的，遇到高兴的事情容易激动、兴奋，遇到挫折的时候也很容易生气、发怒。一些心理学家认为可以通过情境选择、情境修正、转移注意力、认知改变和反应调节等措施来进行情绪调整。③ 在繁忙紧张的备考中，一些大学生会出现焦虑的情绪，如果深陷其中会导致学习效率低、心理压力大，还会引起自责、懊恼带来的二次情绪。此时如身体能适度地做一些体育锻炼或者体力劳动，看似减少了学习时间，却往往能带来不一样的情绪体验，比如去体育馆打球或游泳，整理床铺或打扫宿舍卫生等。在生理上，适度的锻炼和劳动可以促进体内多巴胺分泌，给人带来愉悦、快乐的感觉，使人在紧张的学习中更能够集注意力，更能激发学习热情。可以把这些主动积极的劳动当作紧张学习之余的"积极的休息"，通过情境修正和转移注意力来实现情绪和行为的调整。

2. 享受乐趣

苏霍姆林斯基强调，要"让学生的个性得到充分发展"，才能给集体带来"自己的、独特的东西"，从而让集体生活丰富起来。有大学生喜欢在宿舍养花种草，利用从犄角旮旯中找到的素材变废为宝，打造自己花草世界：将玻璃杯或酸奶盒子做成一个微盆景，将废弃的抽屉变成一个小小的植物园，为了给花草晒太阳搬来搬去也不觉得累，还会利用课余时间积极学习盆栽种植的经验和技巧。这样的劳动情怀所激发的付出不仅优化了宿舍环境，也在紧张的学习生活中缓解了学生的情绪，使其体验到植物生长带来的乐趣和惊喜，获得愉悦和充实的感觉，进一步激发其学习和创造的热情。

（二）实现归属需要

马克思强调人的全面、充分、自由的发展，《关于全面加强新时代大中

---

① 张向葵，桑标. 发展心理学 [M]. 北京：教育科学出版社，2012.
② 同上。
③ 袁弘，王蕾. 辩证行为疗法与情绪调整 [M]. 重庆：重庆出版社，2007.

小学劳动教育的意见》中指出劳动教育要把握育人导向，促进学生全面发展、健康成长。大学生的发展离不开自身心理和精神层面的动机和需要。马斯洛在其需要层次理论中论述了人的基本需要有五个层次，分别是生理需要、安全需要、归属需要、自尊需要和自我实现的需要。大部分大学生在校园中生理需要和安全需要都能够得到一定的保障。归属需要、自尊需要和自我实现的需要是更高层次的需要。高级需要的满足会带来更合意的主观效果、更深刻的幸福感和精神生活的丰富感，对大学生的成长和发展有着更深远的影响。个体对归属的需要包括情感的付出和接受，对爱、尊重和理解的追求，是指向外部的情感互动和共鸣，渴望与他人建立一种关系，渴望在团队中获得一个位置。

1. 磨炼意志，塑造性格

大学宿舍是大学生学习、生活和休息的重要场所，室友关系不好的宿舍容易让人的情绪极端化，让人受挫，而融洽互助的宿舍会使人轻松愉悦，能够更好地解决学习和生活中的难题。在大学宿舍中，打扫卫生是日常工作。一些勤快的大学生不仅把自己的床铺、书桌整理得干干净净，还经常主动承担宿舍公共区域的卫生，每天按时打好热水分享给急需的同学，看到垃圾桶满了随手就清理掉，时常维护洗手间的整洁，从食堂带饭菜给来不及去食堂的同学，看起来为别人多付出了很多，他们自己却乐在其中。这种积极主动、乐于助人、不计得失的劳动情怀让他们面带开怀的笑容，并获得他人由衷的尊重，同时也在影响和塑造着自身的性格，使得他们成为主动、积极、乐观的人，遇到困难时主动作为的习惯也会使自己更容易走出困境。

2. 成就他人，实现价值

人依赖于与他人的关系来构建自身的价值与尊严，在受到身边人的认可时内心会产生价值的实现感与精神的满足感。马斯洛在其著作《动机与人格》中强调，当人获得尊重和赞赏，进而发展了自尊心，那么他会成为更加丰满的人，更加健康、更加接近自我实现。① 湖北大学通识教育学院李健同学自发帮助在学习中遇到困难的同学查缺补漏，取得明显的效果。受到李健同学的启发，另一些学生也开始自发成为"寝室小讲师"，热心给学习基础比较薄弱的同学们讲解习题，通过一个人影响另一个人、一个寝室带动另一个寝室，成立形式多样的学习帮扶小组，带动大家的学习热情，通过"宿舍

---

① 马斯洛. 动机与人格［M］. 北京：中国人民大学出版社，2007.

小课堂"锤炼"学风大熔炉"。① 在"小讲师们"的帮助下，身边的同学在学习中感受到更大的乐趣和热情，宿舍的氛围和他们的生活方式也发生了变化。可以看到，在与他人的交往和互动中，不计较个人得失，主动帮助他人，通过自己的劳动成就别人，是自身价值实现的一种方式，也积极建构自己生活小世界的一种方式。

（三）传递家国情怀

个人的前途命运与国家和民族的命运紧密相连。儒家思想中包含着浓厚的家国情怀的基因，无数文人志士抒发过对国家和民族的热爱，"天下兴亡，匹夫有责""先天下之忧而忧，后天下之乐而乐""安得广厦千万间，大庇天下寒士俱欢颜""位卑未敢忘忧国"……自祖祖辈辈相传积淀而成的这一份家国情怀，已经成为中华民族的内在气质。周恩来从小立志为中华崛起而读书，求索救国救民真理。

1. 同向同行，凝心聚力

教育最终要帮助大学生成为一个"完整"的人，实现其自身的潜能，也帮助其实现社会价值，面对复杂而不确定的外部世界，学会重视可持续发展和整个社会、国家的共同繁荣。"新时代的中国青年是堪当大任的"，大学生志愿者勇于担当、甘于奉献的劳动情怀在每一次关系国家荣辱的重大时刻，在每一个严峻的考验中展现得淋漓尽致。无论是在大型国际活动，还是在社区图书馆、敬老院、公园等都可以看见大学生志愿者挥洒汗水、热忱服务的身影。新冠肺炎疫情下更有无数大学生不顾个人安危走出家门、走向社区、走进医院，主动承担，积极有为。

2. "我的梦"与"中国梦"同频共振

中国将在 21 世纪中叶建设成为富强民主文明和谐美丽的社会主义现代化强国，"90 后""00 后"大学生将全程参与和见证"中国梦"的实现。作为中国特色社会主义的建设者和接班人，每一个青年身上都有一份社会责任，如何推动"中国制造"向"中国质造"和"中国智造"转型升级，更好地满足人民日益增长的美好生活需要，是新时代中国特色社会主义伟大征程中面临的重大理论问题和现实问题，也是留给当代青年的时代之问。②

---

① "寝室小课堂"锤炼"学风大熔炉". 中国教育新闻网. 2018-07-09. https：//www. sohu. com /a/240029276_ 243614.

② 何卫华，林峰. 大学生劳动教育理论与实践教程 ［M］. 厦门：厦门大学出版社，2019.

二、新时代大学生劳动情怀的价值意蕴

要培养德智体美劳全面发展的社会主义建设者和接班人,实现这一目标,大学必须加强劳动教育,把劳动教育纳入人才培养全过程,以涵育劳动情怀为切入点,在劳动教育中端正劳动态度、培育劳动精神、培养劳动品质、养成劳动习惯。这不仅关系到他们在大学阶段学习生活状况,更关系到今后走向社会的价值导向、就业意向和情感取向。

(一) 端正劳动态度

劳动创造人、创造社会关系、创造财富,劳动没有高低贵贱之分,所有劳动者都应该得到尊重,是马克思主义劳动价值论的重要内容。然而,受到市场经济的负面影响,当前不少大学生对劳动创造价值产生模糊甚至错误认识,如有些学生认同劳动创造金钱,金钱能买来劳动,把创造金钱作为劳动的唯一动力。也有些学生害怕"劳而无功""劳而无获",总认为付出的劳动就应该得到回报,否则就是有黑幕,就是世道不公,进而产生心理不平衡,消极怠工、不思进取、一蹶不振,甚至会走向厌世、报复社会的深渊。还有些学生把劳动者分为三六九等,对宿管员、清洁工、食堂师傅等劳动者存在偏见,漠视他们的劳动成果,甚至对他们冷言嘲讽、恶语相加。凡此种种不正常认知和现象都是劳动态度不端正的表现。而劳动情怀的涵育有助于廓清大学生对劳动价值的模糊甚至错误认识,帮助他们树立正确的劳动价值观,塑造坚强的心理素质和阳光心态,教育引导他们学会尊重他人的劳动成果,用积极健康的劳动态度去放飞青春梦想、实现人生目标。

(二) 培育爱岗敬业的劳动精神

爱岗就是热爱和忠于自己的工作岗位,敬业就是对自己所从事的工作持恭敬负责的态度。爱岗敬业不仅是社会持续发展的需要,也是个人自身价值的体现,蕴藏着丰富的劳动情怀和勤劳淳朴、拼搏奋进的精神品格。习近平总书记在对黄大年同志先进事迹作出重要指示时强调:"我们要以黄大年同志为榜样,学习他心有大我、至诚报国的爱国情怀,学习他教书育人、敢为人先的敬业精神,学习他淡泊名利、甘于奉献的高尚情操。"[1] 大学阶段正是

---

① 习近平. 对黄大年同志先进事迹作出重要指示 [N]. 人民日报,2017-05-26.

青年学生人生观、世界观、价值观形成的关键阶段，强化大学生劳动情怀的涵育有助于激发他们学习热情和创新意识，努力学习科学文化知识、练就过硬本领，继承艰苦奋斗、爱岗奉献、敬业乐业的劳动精神，把勤于学习作为实现人生价值的"哨位"，把报效国家作为实现个人全面发展的"压舱石"。

（三）培养精益求精的劳动品质

弘扬工匠精神，崇尚精益求精的品质，成为新时代社会前进的"风向标"。精益求精的工匠精神核心要义在于无论何种行业的从业者都要干一行钻一行，注重细节，精心打磨，不断改进工艺技能，追求产品和服务的品质精细化、多样化。新时代工匠精神注重技术应用和技术创新，紧跟现代技术的发展态势，引导青年学生在学习工作中养成精益求精、严谨认真的劳动品质。作为科技创新的生力军，大学生要勇于站在科技创新的时代前沿，努力攀登科学技术高峰，踏踏实实、勤勉学习，以利天下的情怀担负起民族复兴大业之责任。这种责任担当不是坐而论道的清谈，而是起而行之的躬行，是扎根实践淬炼出的精益求精的劳动品质。

（四）助推劳动习惯的养成

新时代大学生劳动情怀的涵育不是局限于理论灌输，也不仅仅指涉思想、精神培育，而是要落实到具体的实践中并得以固化，以丰富的实践活动助推大学生劳动习惯的养成。大学阶段本是青年学生坚定理想信念、锤炼高尚品格、实现青春梦想的黄金期，然而，有些大学生精神状态慵懒懈怠、无所事事；有些大学生沉溺于虚拟世界寻求片刻满足而不可自拔；有些大学生"四体不勤，五谷不分"，不愿打扫寝室卫生，不会清洗衣被，不想参加体力劳动，只想宅在寝室叫外卖、玩游戏、睡大觉。这些不正常的行为和现象对大学生劳动习惯的养成产生负面影响，而涵育劳动情怀有助于引导大学生加强日常生活自理劳动，加大课堂教学、实验实践、创新学习等环节上的劳动付出，把劳动与梦想、劳动与幸福、劳动与责任紧密结合，使大学生在劳动实践中体认艰辛、磨炼意志、实现梦想。

第三节　大学生劳动情怀的培育

情怀的培育涉及对美好心灵品质的提升，既有先天性情中孕育的成分，也有后天教育中习得的养分。大学生劳动情怀培育要在与"美育"的充分融合中逐步实现，不局限于对劳动单纯功利化的激励，要把爱劳动与爱自己、爱生活、爱国家深植于内心。

一、爱劳动与爱自己

俄国教育家乌申斯基说："劳动是人类存在的基础和手段，是一个人在体格、智慧和道德上臻于完善的源泉。"习近平总书记强调："要教育孩子们从小热爱劳动、热爱创造，通过劳动和创造播种希望、收获果实，也通过劳动和创造磨炼意志、提高自己"。[①] 在刚进大学校门的时候，大学生对自己内心的认识往往还是模糊的，对真实世界的认识是表象的。揭开这两个谜团的一个重要的钥匙就是劳动，每一位大学生只有通过接受热爱劳动的教育才能逐步建立个体与内心的关系，了解个体的价值和追求，不断提升素质，实现全面发展。

（一）塑造自我意识

劳动在育人中发挥着塑造健全人格、磨炼顽强意志、锤炼高尚品格的重要作用。[②] 每一位大学生都应当懂得，劳动可以树立良好的个人价值意识，人是开展劳动的起点，也是劳动的归宿。只有通过劳动，人才能更为真切地认识、尊重自我的意识，从而产生真正的自尊、自爱的情感。真正的自我意识是理解并相信自己是宝贵的，自己值得拥有美好的事物，值得拥有自主的意识。

（二）激活个人价值

苏霍姆林斯基认为，要使学生在各种形式的劳动中尝试着检验自己的力量，逐步认识自己的能力和才干。[③] 每个人的生命都是无价的，但生命的价值需要在劳动实践中方能激活。在改造自然、改造自身的活动中，人们才能意识到自己是有用之才，有用之身。这种价值不是简单创造财富的人力资本，而是发现自己是对世界有所创造的、被世界所需要的独一无二的个体。在劳动实践中能够感悟到人的心灵与外部世界的连接，体会到外部世界并不

---

① 习近平. 庆祝"五一"国际劳动节暨表彰全国劳动模范和先进工作者大会隆重举行 [N]. 人民日报，2015-04-29.

② 刘向兵. 新时代高校劳动教育论纲 [M]. 北京：社会科学文献出版社，2019.

③ 苏霍姆林斯基. 苏霍姆林斯基论劳动教育 [M]. 北京：教育科学出版社，2019.

是被固化、抽象出的现成结果，而是始终处于创造未来的起点之中，这就是劳动对个体生命的塑造和升华过程。"衣沾不足惜，但使愿无违"，从小事做起，从点滴考虑，以实干书写青春，用奋斗镌刻荣光，努力成为知识型劳动者。

二、爱劳动与爱生活

陶行知的生活教育理念为很多人所推崇，他强调"生活教育是生活所原有，生活所自营，生活所必需的教育"。培养深厚的劳动情怀需要从内心深处消除劳动的神秘感和距离感，把劳动视作生活的一部分，在踏踏实实的劳动过程中真切感受生活的美好。

（一）主动构建良好学习生活环境

改造生存环境的劳动是人们所有劳动当中最为基础的劳动。通过热爱劳动来改造生存的环境，养成健康的生活习惯和生活方式将会使大学生受益终身。我国有句名言："一屋不扫，何以扫天下"，这句话有两个典故。东汉名臣陈蕃少时独居一室而院内杂乱，父亲的朋友薛勤批评他："孺子何不洒扫以待宾客？"陈蕃答道："大丈夫处世，当扫除天下，安事一屋乎？"薛勤因此发现他有大志向。而后世的清朝文学家刘蓉，在散文《习惯说》中又提出了"一室之不治，何以天下家国为？"的观点，仿佛开展了一段跨越时空的辩论。很多年轻人觉得"一屋不扫"是缺乏意愿，而不是缺乏能力，在个人学业分配上往往更加注重"扫天下"的知识和眼界的提升，而忽略了在"治一室"的过程中也可以培育基本的习惯和才干。不打扫宿舍往往是因为没有日常保养的习惯和方法。通过劳动可以使人们从被动适应生存环境转变为主动优化生存环境，同时从这个劳动过程当中获得对生命的自主权。当代青年学生应主动谈学习、掌握构建美好生活环境的能力，在生活中保持卫生整洁，不断增强生活中的审美能力。

（二）培养尊重劳动，热爱劳动的真挚情感

志愿服务、实习和社会实践是运用大学中所学的理论知识观察社会、亲近劳动者的一种方式。无论是在校内校外的实习岗位上，还是在勤工助学、助教、助管、助研的职位上，大学生既是劳动者，也是观察者，在小小的岗位上亲自参与实践，在解决实际问题中掌握知识，在义务劳动过程中培养自

己良好的劳动习惯和劳动精神，在增长才干和磨炼意志中感受劳动所带来的收获和乐趣，产生尊重劳动、热爱劳动的真挚情感。[1] 大学生通过实习、实践可以体验劳动的付出和获得感，懂得幸福生活是靠一点一滴创造的，懂得尊重劳动成果。

三、爱劳动与爱国家

爱国情怀是劳动情怀的根基。国家制度决定了劳动者的组织方式、政治地位和劳动成果的分配方式，劳动的过程无法脱离国家的发展而单独存在。从这个意义上讲，对国家的热爱构成了劳动的根本动力。众志成城建设中国特色社会主义，就是要努力为劳动者创造出平等的劳动关系、先进的劳动资料、良好的劳动环境、公平合理的劳动报酬。当代大学生应该体察国家和时代的需要，努力学习，掌握国家和时代需要的知识和技能，在每一个平凡的岗位上辛勤付出，在每个工作环节尽己之力提升劳动效率，改进劳动产出质量，削减劳动的能耗，在劳动中感受家国一体的联结。

每一位大学生应带着对祖国的热爱辛勤劳动，为中国特色社会主义大厦添砖加瓦。在校大学生不仅要重视专业课程学习，更要积极投身实践，认识国情、了解社会，明确为社会主义事业奋斗终生的理想。青年兴则国兴，青年强则国强。习近平总书记对广大青少年培养深厚劳动情怀抱有殷切期待，"要通过各种措施和方式，教育引导广大青少年牢固树立热爱劳动的思想、牢固养成热爱劳动的习惯，为祖国培养一代又一代勤于劳动、善于劳动的高素质劳动者"。大学生并非生活在象牙塔中，而是生活在社会整体环境中，个人的劳动是为他人、为社会、为国家服务的，人与人之间形成了一个高度精密、整合的供应网络。社会需要各种各样的劳动方式，产生出不同种类的劳动成果，由此构建出现代化的劳动体系，最终将改变国家的整体面貌。大学生应培养自己"以天下为己任"的社会责任感，树立为人民幸福、民族振兴、国家繁荣发展奋斗的劳动意识。"国家好，民族好，大家才会好。"

---

① 刘向兵. 新时代高校劳动教育论纲 [M]. 北京：社会科学文献出版社，2019.

第四章
大学生劳动素养与劳动品德的培养

第一节　劳动素养概述

一、劳动素养的概念与内涵

　　劳动素养是劳动者在劳动过程中与之相匹配的劳动观念、劳动心态和劳动技能的综合体现，是衡量劳动者能否完成某对应性工作的最根本、最直接的工作能力指标。劳动观念是指在思想上的对于劳动的感观，是一个人对于劳动的看法。劳动心态包括对待工作的态度、帮助客户的心态、对客户心智的解读、对客户需求的认知等。

　　劳动技能本质上是人的劳动能力，是在解决工作问题及矛盾的过程中，受劳动者支配和运用的劳动工具及方法，并由此而产生并达到预定劳动结果的专业技能。

二、新时代劳动素养的特质

　　新时代是奋斗者的时代，更是追梦人的舞台。贯彻新发展理念、推动高质量发展、打赢三大攻坚战，对劳动者素养提出了更高要求。新时代劳动素养体现在以下几个方面。

（一）主动作为+协作精神

　　1. 主动作为：从"要我做"到"我要做"

　　"主动"一词是指不待外力推动而行动（与"被动"相对），它是内在动力的外在表现。因此，主动劳动意识是指人们根据一定的岗位要求和劳动要求，在主体意识的积极支配下进行的活动。具有主动劳动意识的人，懂得看事做事，主动作为，一般在工作中都有预见性，能够按时完成领导安排的工作，并且程序规范、质量良好。主动劳动与被动劳动相比较，主动劳动因为有主观能动性因素，劳动的愉悦感和获得感更多，劳动效率会更高，劳动水平的提升也会更快。

2. 协作精神：在团队中实现最好的自我

坚持劳动创新，有团结协作精神，这是劳动素养中十分宝贵的品质。团队合作是取得成功的重要因素，一个知识型组织需要由不同知识和技能结构的专家组成团队。内在使命感是协作精神的核心，健康的互动反应、不加情绪的辩论、平等参与的讨论、强烈的集体忠诚感、无私合作与相互信任是协作精神的外在体现。

（二）勤于思考+勇于担当

1. 勤于思考：智慧的头脑有想法更要有办法

心理学家说："如果每天花费一个小时用来思考某一问题，五年后你会成为这个领域的专家。"成功从根本上讲，是善于思考的结果，任何一个有意义的构想和计划都源于思考。成大事者无一不善于思考，他们善于发现问题、解决问题。不善于思考的人，在许多情况下，会举棋不定；相反，善于思考者却能运筹帷幄，做出正确的决定。我国历史上的名臣曾国藩，无论战事多么紧张，政务多么繁忙，他每天都会挤出一个小时在一间安静的房子里静坐，平静自己的情绪和心态，来清理自己的思路。一个人要想成功，必须勤于思考，多向自己提问。在事业的开创过程中，不断地思考自己所做过的、正在做的和将要做的事情，不断地问自己哪些是需要完善的、哪些是该向人请教的。只有这样，才会不断前进，走向成功。

2. 勇于担当：会担当才会有大发展

勇于担当，就是要有强烈的责任意识，把高标准履职尽责作为基本要求，做到日常工作能尽责、难题面前敢负责、出现过失敢担责。时刻不忘肩负的神圣职责，勇挑重任，在矛盾和问题面前敢抓敢管、敢于碰硬；面对重大原则问题时立场坚定、旗帜鲜明，面对改革发展深层次矛盾问题时能够迎难而上、攻坚克难；面对急难险重任务豁得出来、顶得上去；面对各种歪风邪气敢于较真、敢抓敢管。勇于担当并不是逞一时之勇，而是要有着眼大局的视野和创造性地解决问题的能力，如果水平跟不上，只会好心办坏事。要做到会担当，就必须不断学习、不断实践、不断总结；要学会用战略思维、创新思维、辩证思维、底线思维、法治思维来解决问题。①

（三）职业能力+职业道德

1. 职业能力：讲求绩效，不重苦劳重功劳

职业能力是指人们在某种职业活动中逐渐培养和发展起来的，能够胜任某种职业活动，完成某种职业任务，并决定效率高低的能力。职业能力会在职业活动中表现出来，我们每个人的成长环境不同，人生观、价值观、职业观、职业兴趣、知识水平、知识结构和心理素质、技能素质、职业兴趣不同，那么所表现出来的职业能力也不同。另外，由于社会分工、职业类别的存在，个体所处的社会地位不同，拥有的职业权力不同，职业能力也表现不一。

中国有句古话："隔行如隔山"，说的其实就是不同行业间职业能力的差异性。在现代职场中，不同的岗位有不同的工作内容、工作任务、工作责任和劳动纪律。服务不同的对象，要采用不同的手段和方式。不同的职业类型，需要不同的专业技能。

2. 职业道德：小胜凭智，大胜靠德

职业道德是指在一定职业活动中应遵循的、具有自身职业特征的道德准则和行为规范，是在职业范围内长期形成的比较稳定的道德观念、行为规范和习俗的总和。职业道德既是对本行业人员在职业活动中的行为要求，又是本行业对社会所承担的道德责任和义务。由于职业不同，在特定的职业活动中便形成了各自特殊的职业关系、职业利益和职业义务，以及特殊的职业活动范围和职业活动方式，从而也形成了特殊的职业行为规范和职业道德要求。职业道德是"知"与"行"的有机统一，两个方面密切联系、互相影响。

要形成良好的职业道德素质，必须从"知"与"行"两个方面同时努力，这是职业道德建设的一般规律。良好的职业道德能起到维护社会正常运转秩序、维护各行业和各单位信誉与形象、规范调节职业交往中的各种关系、促进全社会的道德水平提高的作用，所以，要提高全社会的道德水平和公民素质，就要努力提高所有从业人员的职业道德水平。

---

① 胡颖蔓，欧彦麟. 大学生劳动教育 [M]. 长沙：中南大学出版社，2020.

三、劳动素养的培育

如果一个人在家庭、学校和社会生活中没有劳动的机会，缺少最基本的劳动锻炼，当他必须独立于社会的时候，弊端就会凸显出来。为此，各级各类学校应发挥主导作用，摆正学习与劳动的关系，给学生以积极引导；家庭把劳动习惯养成融于日常生活之中，为学生创造适宜的行为空间；社会通过各类传媒传导社会主流价值观、推介可效仿的劳动典型、发挥榜样作用、提供可体验的劳动场所等。

（一）劳动素养培育的意义

《关于全面加强新时代大中小学劳动教育的意见》中明确指出，劳动教育是中国特色社会主义教育制度的重要内容，直接决定社会主义建设者和接班人的劳动精神面貌、劳动价值取向和劳动技能水平。

近年来，党中央、国务院和国家相关机构有关教育改革和学生教育的决策部署中，都提出劳动意识和劳动习惯的培养问题。如《国家中长期教育改革和发展规划纲要（2010—2020 年）》明确提出加强劳动教育，培养学生热爱劳动、热爱劳动人民的情感；教育部、共青团中央、全国少工委《关于加强中小学劳动教育的意见》提出充分发挥劳动综合育人功能，以劳树德、以劳增智、以劳强体、以劳育美、以劳创新，促进学生德智体美劳全面发展。坚持实际体验，要让学生直接参与劳动过程，增强劳动感受，体会劳动艰辛，分享劳动喜悦，掌握劳动技能，养成劳动习惯，提高动手能力和发现问题、解决问题的能力。

（二）劳动素养培育的要求

1. 养成主动劳动的习惯

习惯是指在长时期里逐渐养成的，一时不容易改变的行为、倾向或社会风尚，也是指长期行为导致的惯性思维，即使过了一段时间不再思考却仍继续、往往每天都在做的行为，这是我们神经系统的自然反应。劳动对一个人的身心发展意义重大，因此，具有劳动的习惯是根本性劳动素养。习惯形成后，我们的大脑进入省力模式，不再全心全意地参与决策过程，所以除非你刻意对抗某个习惯，或是意识到其他新习惯的存在，否则该行为模式会自然而然地启动。研究表明，从小热爱劳动的人，成年后的生活比不爱劳动的人更充实、完美，事业上也更容易取得成功。"不积跬步，无以至千里；不积小流，无以成江海。"一个良好习惯的培养，对一个人的成长具有相当大的影响作用。①

2. 养成良好的职业习惯

在人的一生中，占据时间跨度最长的莫过于"工作者"这个角色了，而"职业人"无疑又是其中最主要的一种角色形态。那么，作为一个"职业人"，应怎样来养成良好的职业习惯呢？

（1）主动融入社会，尽快度过适应期。职业选择—职业准备—职业适应—职业发展—职业满足，这是一个职业人的社会角色演绎。

（2）调整心理状态，适应角色改变。具备了职业人的社会身份后，作为一个完全独立的职业人，要为自己的一言一行负责，要符合社会对于职业人的角色规范要求。

（3）调整生活习惯，适应工作节奏。刚进入职场的人通常首先会感觉到"累"，这个"累"一方面是心理压力带来的，另一方面是因为职业对人的体力也是有要求的。

（4）调整思维方式，适应人际关系。初入职场在人际关系方面碰壁的新人不在少数，懂得做人尤胜于懂得做事，那些个性突出的人更容易遭遇人际关系的挫折。

（5）调整知识结构，适应职业要求。对于刚刚走出校门进入职场的新人来说，最主要的挑战是理论知识的综合运用，以及解决实际问题的能力。

一方面应做到全方位的独立。作为一个职业人，首先是要做到经济独立，然后是社会行为、情感心理等全方位的独立。从事职业、开始工作是我们真正成人的标志。所谓"成人"，就是成为一个独立的社会人。这意味着从此必须依靠自身力量，为自己的工作和生活全面负责。作为独立的职业人，要明白付出和回报是对等的，要想获得丰厚的回报，就必须先有投入的付出。

另一方面应承担相应的社会责任。作为社会的一分子，我们时时刻刻在享受着他人和社会为我们创造的环境和成果，也同样有义务为他人和社会创造美好环境。职业工作是整个社会分工体系中的一部分，社会的正常运转和良好发展有赖于每一个人很好地"各司其职"。职业人在工作过程中必须承担起社会责任。工作质量的高低不是一个私人范畴，会直接影响到工作对

---

① 胡颖蔓，欧彦麟. 大学生劳动教育 [M]. 长沙：中南大学出版社，2020.

象，进而对社会产生影响。因此，作为独立而又融于社会的职业人，要逐步学会平衡好自己的各种角色身份，否则，即使能够拿到高薪，也不足以支撑幸福的生活。

（三）劳动素养培育的途径

1. 培育劳动责任意识

责任意识是一种自觉意识，也是一种传统美德。责任是一种能力，又远胜于能力；责任是一种精神，更是一种品格。具体到我们的日常工作，责任就是对自己可能并不喜欢的工作，毫无怨言地承担，并认认真真地做好。

责任可以说是我们每一个生活在一定社会关系之中的人与生俱来的，存在于生命的每一个阶段。无论是何人，都对自身、对他人、对集体、对国家和社会负有一定的责任。每个人的尽责首先是对自己的生存尽责，然后是对集体的尽责，对每个集体的尽责是对社会的尽责。勇于承担责任是中华民族的优良传统，负责任光荣，不负责任可耻。

有劳动责任意识的人，一般都会注重劳动的主动性、纪律性、实效性。因此，他们更善于发现问题，解决问题的可能性也越大，成才、取得成就的可能性更大。从职业与经济收入的特殊关系来说，既然职业是经济和安全生活的保障，那么在自己的岗位上尽职尽责就是做好自己本职工作的本分；从职业与社会身份的特殊关系来看，就是在自己的岗位上忠实地履行对社会、对国家、对人民的责任，自觉地把责任意识转化到"全心全意为人民服务"的行动中去。只有尽力履行自己的职责，才会体现自己的价值。逃避责任、坐享其成、虚度光阴，这样的人生是没有价值的。勇敢地担负起自己的责任，人生才会充实，生活才有意义。

2. 培育劳动敬业精神

朱熹说，"敬业"就是"专心致志以事其业"，即用一种恭敬严肃的态度对待自己的工作，认真负责，一心一意，任劳任怨，精益求精。中华民族历来有"敬业乐群""忠于职守"的传统，敬业是中国人民的传统美德。古往今来，事业上有所成就者，大凡离不开两条：一是强烈的事业心、责任感；二是锲而不舍的勤奋和努力。

培育敬业精神，要正确处理和职业所联系的"责、权、利"关系。如何看待自己所从事的职业和岗位，是否认同和追求岗位的社会价值，这是敬业精神的核心。如果没有任何认同，就不会有尊重和忠实于职业的敬业精神，而认可程度不同，也会产生不同的敬业态度。因此，培育敬业精神首先应从树立职业理想入手，突出以下几个方面内容：

（1）牢固树立职业理想。职业理想是敬业精神的思想基础。

（2）大力强化职业责任。承担职权范围内社会后果的责任，实现和保持本岗位、本职业与其他岗位职业有序合作的责任，是职业责任的全部内涵。

（3）自觉遵守职业纪律。

（4）不断优化职业作风，职业作风是敬业精神的外在表现。

（5）全面提高职业技能。

敬业意识强，体现了一种对事业孜孜以求的思想境界，体现了一种踏实认真工作的态度和精神风貌，更体现了一种可贵的事业心和责任感。敬业精神是做好本职工作的前提和保证，只有那些在本职岗位上勤勤恳恳、兢兢业业工作的人们，才会开动脑筋去刻苦钻研和学习做好工作所必需的知识与技能，才能潜心研究和把握本职工作的特点与规律，才能积极面对工作实践中遇到的问题与困难，集中精力攻坚克难，及时主动地解决问题，创造出一流的工作业绩。而个人的工作能力与综合素质，也会在敬业爱岗的不懈努力中得到锻炼与提高。

3. 培育新时代职业价值观

职业价值观也叫工作价值观，是价值观在所从事的职业上的体现，反映了人们对待职业的一种信念和态度。它是人们在职业生涯中所表现出来的一种价值取向，也是个人对某项职业的价值判断和希望从事某项职业的态度倾向，即个人对某项职业的希望、愿望和向往。这是人生目标和人生态度在职业选择方面的具体表现，也是一个人对职业的认识和态度以及他对职业目标的追求与向往。

职业价值观表明了一个人通过工作所要追求的理想，是为了理想或财富，还是为了地位或其他。由于个人的身心条件、年龄阅历、受教育状况、家庭和环境影响以及兴趣爱好不同，人们对各种职业的主观评价也不同。不同的人由于价值观不同，对具体职业和岗位的选择也就不同。如有的人喜欢同人打交道的职业，有的人喜欢与物打交道的职业，有的人喜欢安稳的职业，有的人喜欢具有挑战性的职业等。不同的人喜欢从事不同的职业，也是职业价值观的体现。职业价值观决定了劳动素养培育的侧重点和有效性。

众所周知，职业价值观是人的价值观体系的重要组成部分，是价值观在职业领域的具体表现。党的十九大报告做出了中国特色社会主义进入新时代的重大判断，开启了建设中国特色社会主义现代化强国、实现中华民族伟大复兴的新征程。新时代赋予新使命，新征程昭示新未来。新时代大学生应树立科学的、正确的职业价值观，把握人生发展方向，担当起民族复兴大任，努力在实现"中国梦"的社会实践中放飞青春梦想，在为人民利益的不懈奋斗中书写人生华章。

4. 培育新时代所需的劳动技能

如何提高劳动技能，是新型工业化建设迫切需要解决的问题，也是职业教育改革发展的重大课题，更是社会、企业、学校、学生和家长都关心的问题。职业能力的形成，是提高职业竞争能力、增加就业机会、延续职业生命的根本保证，也是职业生涯中占据重要地位的一个发展因素。

（1）要夯实职业能力的知识基础。进入新的历史时期，从就业的趋势来看，粗放型的就业岗位越来越少，集约型的就业岗位明显增多。要培养和提高职业能力，首要的是打好文化和专业知识基础，优化知识结构。

第一，激发兴趣，学会学习。就专业学习而言，要把理论学习、专业实践和社会实际紧密结合起来，实现零距离对接，让抽象的理论在专业实践和社会实际中变得具体、生动和形象，从而提高学习专业理论知识的兴趣。

大学生在社会实践中能直观感受一名现代化企业的员工应该具备什么样的知识水平、该怎么样来优化知识结构，也能看到不同职业技能、不同职业能力、不同努力程度的人的差别，深刻认识到在知识经济、科技经济、信息经济发达的现代化时代没有知识、不懂技术几乎就没有自己的职业生存空间。此外，学有所成的典型人物和事迹也是激发学生的学习兴趣的重要因素。

当然，有了求知的欲望，并不等于就能学有所成，会学才是学业成功的根本条件。所谓会学，就是在学习的过程中采用科学的方法与手段，不断提高学习质量和学习效率。

第二，学以致用，终身自学。学习的根本目的，不单是记住学过的知识，还要理解学习过的知识，更重要的是要学会运用学过的知识来分析和解决在实践中遇到的问题。在学习中，完整、科学、准确地掌握所学过的每门功课的基本概念和基本原理，这是学会知识的首要条件。学会知识的基本要求是科学处理概念与原理之间、原理与原理之间的内在关系，分清主次，掌握知识结构。而科学地处理学科与学科之间、课程与课程之间、主课与副课之间的关系，把握好知识之间的交叉与整合关系，则是学会的重要体现。①

俗话说："活到老，学到老。"自学是每个人接受终身教育的重要手段，我们要进一步拓宽知识面，优化自身的知识结构。在知识日新月异、科技进步、

---

① 赵鑫全，张勇 . 新时代大学生劳动教育［M］. 北京：机械工业出版社，2021.

生产力飞速提高的现代社会，自学能力是我们跟上时代步伐必须具备的基本能力。学以致用是我们学习的根本目的，首先，通过学习，要能够掌握知识，养成按照科学规律办事的良好习惯；其次，要能够运用所学的知识提高社会实践能力。一般来说，后者往往比前者更加重要。因为，我们唯一持久的竞争优势，就是比对手学习得更快的能力。

（2）知识结构力求合理。合理的知识结构是良好文化素质的基础，它与知识水平有机地结合形成一个人的文化素质。不同类型的职业对知识结构有着共性要求：一是扎实宽厚的基础知识；二是广博精深的专业知识；三是大量实用的新知识储备。当今世界，各种知识浩如烟海，各门学科交织渗透，科学技术的发展更是突飞猛进。现代职业需要的是拥有较高的知识程度，并能够根据社会的发展和所选职业的具体要求，将自己的知识科学地整合以形成合理的结构的人。

孟子说："天将降大任于斯人也，必先苦其心志，劳其筋骨，饿其体肤，空乏其身，行拂乱其所为，所以动心忍性，曾益其所不能。"干一番事业，必定要呕心沥血，意志坚强，甘于吃苦，勇于奉献，才能有所成就。古老的中华民族是一个具有伟大奉献意识的民族，无论时代如何更迭，奉献精神总在熠熠生辉，鼓励着人们奋发向上。我们每一个人，无论从事何种职业，都可以通过不同形式为国家、为社会做奉献。我们在工作、生活中奉献，在奉献中工作、生活。敬业是奉献的基础，乐业是奉献的前提，勤业是奉献的根本。奉献是职业道德的最高境界，可以在实际工作中，在平凡岗位上，创造出不平凡的业绩来。

第二节　劳动品德的内涵

品德是个体言行中表现出来的某些稳固的特征，就其实质来说是道德价值和社会规范在个体身上内化的产物，是个体社会行为的内部调节机制。品德本意是个中性词，在使用意境具体化后才有褒贬之分，除因文化或社会发展程度不同而导致的道德评判与社会行为规则差异外，大多数特定社会环境下，品德存在基本的认同规范，守规者被认为是品德高尚者，违规者则被认为是品德低劣者。依此推知，劳动品德就是个体对于劳动所表现出来的相对稳定的言行特征，遵从社会劳动规范会被认为具有良好劳动品德，否则便被认为劳动品德不佳。但在现实生活中，劳动过程中出现精力损耗通常被看作人类基本生存和发展的内在需要，劳动精神也总是被作为一种美德加以弘扬。

因而当"品德"与"劳动"相连构成"劳动品德"一词时，便已经被赋予了一种积极向上的寓意。作为高校劳动教育的重要内容之一，"劳动品德培养"便是在这一基础上组织实施的。

一、辛勤劳动

良好的劳动品德不仅要求在思想上保持马克思主义劳动价值观，深刻理解新时代劳动教育的丰富内涵，而且要努力将先进的价值观念日常化、具体化、形象化和生活化。《关于全面加强新时代大中小学劳动教育的意见》明确提出，要把劳动教育纳入人才培养全过程、紧密结合经济社会发展变化和学生生活实际，创新体制机制，注重教育实效，实现知行合一。每一位大学生都应当深入领悟"空谈误国，实干兴邦"的实践指导意义，设法使其内化为积极的精神追求和自觉行动，在工作中勇于担责，吃苦耐劳，爱岗敬业，争做新时代的合格劳动者，争创属于自己的美好生活。

（一）认真尽职，自觉履责

劳动既是打开个人幸福之门的钥匙，也是人类摆脱部分自然约束、不断进化、推动社会持续进步的根本动力，因而也是每个人应尽的社会职责。卢梭曾经说过："劳动是社会中每个人不可避免的义务。"我国宪法也明确规定，中华人民共和国公民有劳动的权利和义务，劳动是一切有劳动能力的公民的光荣职责。每一个辛勤劳动的人首先应当是在自己的岗位上尽心尽力工作的人，兢兢业业完成职责之内基本任务的人。岗位无贵贱，尽职履责就是劳动价值的实现，也是劳动精神的体现。

（二）甘愿吃苦，主动付出

除了认真完成好本职工作，劳动品德之"辛"还在于能够吃苦和愿意吃苦，劳动品德之"勤"也在于自觉行动和主动付出。劳动是人体力和脑力的消耗，劳动的过程无疑是辛苦的，有时或许还是痛苦的，但没有当下这个吃苦的过程，生活就会一直苦下去，而且会越来越苦。正如歌里所唱："不经历风雨，怎么见彩虹？"劳动是为追求美好生活所进行的付出，苦中带着甜；劳动是为实现人生价值所做出的努力，越主动越可贵。大灾大难面前奋不顾身的解放军战士，疫情肆虐之时主动请缨的白衣天使，重大任务降临时日夜奋战的科研尖兵，还有那些为帮助公司走出困境默默加班的普通职工，他们无怨无悔地吃苦受累，用辛勤付出使得劳动精神更加光辉灿烂。

（三）爱岗敬业，积极奋斗

辛勤劳动是社会主义荣辱观的重要内容，是社会主义核心价值观的重要体现，是用"爱岗"和"敬业"支撑的充满激情的奋斗过程，是用深厚劳动情怀引领的充满爱意的付出行为。涓滴细流汇成河，每一个平凡岗位都是民族复兴大业不可或缺的组成部分。一个人若要立志成为爱国爱民、敬祖敬贤的伟人，首先应当做一名爱岗敬业、辛劳勤勉的普通劳动者，而一个真正日日吃苦而不觉苦的劳动者，内心里也一定装满了家国情怀。鲁迅先生说过，自古以来，那些埋头苦干的人、拼命硬干的人、为民请命的人、舍身求法的人，他们都是民族的脊梁。正是这种品高德重的"脊梁"，放大了劳动精神的感召力、凝聚力和引领力，是劳动精神的升华，是劳模精神和工匠精神的孕育，绽放着新时代的"劳动美"。

二、诚实劳动

劳动创造财富，劳动者就是最大的财富，而这笔财富能否持续增值，关键在于每一位劳动者是否珍惜它的宝贵信誉。加强劳动品德培育既要能够"坐而论道"，也要积极"起而践行"，更要做到"行而有信"。所谓诚实劳动就是要学会对"透支劳动信誉"的行为勇敢地说"不"，在日常的劳动实践中不欺瞒不作假，将"诚实守信、合法守规、科学守道"作为优秀劳动品德的行为准则和评价依据。

（一）诚实守信

孟子将"诚"与"信"相结合提出了道德修养论，千百年来，已经成为中华民族众多仁人志士的立身之本，同时在当代社会人际关系、社会秩序和治国理政中仍旧发挥着不可替代的重要作用。进入新时代，诚信已经成为社会主义核心价值观在个体层面对公民行为准则的价值评价之一，是公民职业行为"敬业"准则的延展和落地。从普遍意义上讲，忠于职守首先要诚实劳动，要求人们在劳动创造过程中尊重客观事实，不作假、不欺骗、不投机、不耍滑；克己奉公的重点是信守承诺，要求人们遵守诺言、信守契约精神，以约束个体行为共同维护集体信誉形象；服务人民的前提是诚恳待人，为人处世实实在在、坦坦荡荡，不欺人亦不自欺。①

（二）合法守规

信用关系是人与人合作发展的基本关系，信用关系的建立需要法律和道德的共同作用。法律是成文的道德，道德是内心的法律，两者具有一定功能上的互补性和替代性，能起到降低交易费用的作用，是社会活动的润滑剂。②对于产品和服务的经营者来说，合法守规经营更是一道安全网，机会主义和短期行为或许可以蒙蔽一时，但不会带来基业长青。比如，遵守工作场所中职业健康相关法规，保护职工安全，消除安全隐患，避免发生工作危害事件。对于劳动者而言，令人尊敬的劳动品德也来自自我克制和自我控制，遵从内心追求真善美的呼唤。遵守国法行规同样是劳动品德的要求，比如不违背职业伦理，不把法律上对劳动者的一些特殊保护作为自身短期行为的"避风港"、不违反竞业限制与保密义务的经济法规则。

（三）科学守道

一切劳动行为都要尊重科学，遵守行规，偏离科学或行规的劳动往往是低效或无效劳动，违背科学的劳动创新甚至有着巨大的破坏力，而符合科学规律的劳动则能够更加有效地提升劳动的价值。马克思阐明，人的全面而自由的发展是未来新社会的根本标志。社会发展基本规律的具体形式是劳动方式与科学技术相互作用的规律。劳动效率和价值的提高也有其内在规律，卫生设施和服务的改善可提高劳动者的身体素质；接受学校教育、"干中学"和培训活动等可增加劳动者的理论素质和技能素质，使劳动者更好地运用现有的技术，更容易运用或开发新的方法；甚至合理分配时间，避免过度劳动，也可以提高劳动效率。另外，现代生产方式下，人们的心理压力有所增加，焦虑、抑郁现象时有发生，这提醒我们关注劳动者的心理健康，建立有效缓解劳动者心理疾病的机制。

三、珍惜劳动成果

"谁知盘中餐，粒粒皆辛苦"的诗句颂唱千年而不衰，"克勤于邦，克俭

---

① 赵鑫全，张勇. 新时代大学生劳动教育 [M]. 北京：机械工业出版社，2021.
② 伍山林. 道德与法律的制度经济学分析 [J]. 经济问题，2002（7）：2-4.

于家"的警言流传数代而不忘，背后无不映射出"俭以养德"这一简单而深刻的劳动哲学。珍惜劳动成果就是尊重劳动的具体表现形式，尊重劳动人民的真挚情感流露，既有助于国家资源的节约和社会财富的积累，也有助于个人进取精神和高尚品德的培养。

（一）珍惜劳动成果是传统美德

珍惜劳动成果近似于勤俭的同义语，勤是俭的前提，俭是勤的延续，勤俭节约的背后也就是艰苦奋斗精神的展现。中国地域广阔，但是资源并不算富足，勤俭的美德在中华文明漫长的演变史中从未消失过。时至今日，生活条件好了，但是还有很多人的生活并不富裕。主张珍惜劳动成果就是倡导艰苦奋斗，即便将来物质极大丰富了，作为一种精神层面的存在，勤俭节约永远不会落伍。

（二）珍惜劳动成果是尊重劳动的具体体现

一粥一饭，当思来之不易；半丝半缕，恒念物力维艰。任何生活用品都是劳动人民辛勤劳动的结晶，都来之不易，都值得尊重，尊重他人的劳动反过来也才会赢得尊重。"光盘行动"成为2013年十大新闻热词，就是反映了一种"珍惜粮食，杜绝餐桌剩宴，吃光盘中食物"的社会呼声，倡导厉行节约反对浪费从最基本的粮食开始。"光盘行动"就是让我们牢记"锄禾日当午，汗滴禾下土"的劳动场景，尊重农业劳动者的辛苦。这种珍惜和尊重不应是一时冲动，而应该像广州市于2020年6月推广的"公筷公勺深化光盘行动"那样，鼓励大众将珍惜劳动成果的良好习惯固化下来，把文明行为变成制度规范。

（三）珍惜劳动成果是培养高尚品德的有效方式

对于广大青少年来说，勤俭节约有助于激发奋发进取的精神，培养高尚的道德品质。通过劳动，不但能学会艰苦奋斗、吃苦耐劳、坚强不屈，而且能够体会劳动成果的来之不易，学会艰苦朴素、勤俭节约，不断提升自己的职业素养和做人品行。勤劳致富，勤俭持家，是艰苦奋斗的本色。在消费主义悄然兴起的背景下，有部分青年人已经主动开启了一种极简生活模式，他们意识到"节流"对其生活的积极改变，极度自律，这些年轻人在"豆瓣抠门联合会"等主要阵地倡导的"反对铺张浪费和过度消费"的举动，无疑成为消费时代的一股清流。①

第三节 大学生劳动品德的涵养

评价人才，德才兼备，以德为先。坚持立德树人，就要将劳动教育纳入人才培养全过程，把劳动教育与德育、智育、体育、美育相融合，尤其要注重用好思想政治理论课堂这个主渠道、主阵地，充分发挥德育和劳育的协同效应，引导大学生逐步树立正确的劳动观。每一位大学生都应当重视自身劳动品德的涵养，回归"人"本身的价值，回归到身边的劳动者，回归到"劳动"的整个过程，革新观念，疏导情绪，坚定意志，规范言行，加深对劳动本质的认知，调整劳动动机，改进劳动态度，深化劳动体验，在"知、情、意、行"四个维度中同步提升自己的劳动品德。

一、革新观念，升华劳动认知

认知是人们通过知觉、记忆、思维等智力过程对信息的获取、转换、储存、提取和使用，最终形成控制情绪和指导言行的观念，不断学习和思考是改进观念和升华认知最重要的途径。《关于全面加强新时代中小学劳动教育的意见》明确提出，"通过劳动教育，使学生能够理解和形成马克思主义劳动观，牢固树立劳动最光荣、劳动最崇高、劳动最伟大、劳动最美丽的观念""促进学生形成正确的世界观、人生观、价值观"。这既是大学生接受劳动教育的总体目标，也是在大学生现实劳动过程中应当牢记的基本信念，更是指导和评价大学生劳动教育成效的最高准则。

针对当前部分年轻人错误、扭曲、不当的劳动认知，每一位大学生都应当做深刻地自我反思，并通过不断学习革新劳动观念。最根本也最有效的方法是要加强对马克思主义经典作品关于劳动的内容的研读，重点学习其中关于劳动本质的科学论述，从世界观和人生观的视角回归到"人"的价值层面上，以个人的全面发展为目标，设法与自己的专业课程和思政课程学习相融合，不断深化对劳动价值观的认识，通过"课中学"与"研中学"提升个人劳动科学素养。

---

① 商业评论杂志. 这一届"后浪"，已经开始"抠门"了 [EB/OL]. （2020-06-09）[2022-06-27] . https: //www. sohu. com/a/400619152_479780.

此外，还要结合时代发展变化和现代经济特征灵活把握劳动的要义，按照历史唯物主义的思想方法，更加科学地理解人性、理解劳动、理解社会、理解中国特色社会主义的新时代。① 同时要设法调动自身主体性和自觉性，将经典劳动观与新时代劳动价值论结合起来，努力追求人的自尊、自重、自爱，重新发现劳动的价值和创造的意义，并在日常专业实践和工作过程中强化认知，通过"干中学"逐步走向人格高尚、德性完满、心灵的自由创造，加深对自然世界、人类社会的认识，完成总结、思考和升华的过程，感悟到劳动改造了自然世界，劳动创造了人类社会，劳动构建了美好生活，人类只有通过劳动才能深刻理解客观世界、洞悉心灵空间，从而创造外在和内在的幸福感受。

二、情绪疏导，端正劳动动机

劳动价值观并不直接作用于人们的劳动行为，它是在某种生理或心理动机作用下完成的，而激发动机的特殊装置便是情感和情绪。人们对于劳动的情感或在劳动中产生的情绪是存在差异的，但无论是积极的还是消极的主观体验，都通过必要的生理唤起引导人们产生不同的劳动行为，这些行为反过来又会强化、缓解或释放人们的劳动情绪。《关于全面加强新时代中小学劳动教育的意见》中提到的"热爱劳动""增强对劳动人民的感情"和"具有劳动自立意识和主动服务他人、服务社会的情怀"等正是对劳动动机自我调节的要求。

大学生是未来社会的高等人才，其劳动行为和创造成果都具有示范和放大效应，只有在劳动科学学习和日常劳动中饱含积极正向的情感或情绪，才能激发起既利己又利人的行为动机，进而引导自己的劳动行为更好地服务社会。

大学生劳动品德的涵养中一个很重要的内容是道德情感的教育，它关系到大学生对劳动的爱憎、好恶、赞成或反对的程度，同时也会影响到对身边劳动者的情感和自身在劳动过程中的情绪。大学生要充分认识到，社会分工和现代科技导致不同形式劳动者之间的分割正在加剧，对话在减少；道德层面价值观也越来越趋向多元化，差异性也在增加。只有不断进行必要的情绪疏导，关注、关心和尊重身边的每一位劳动者，才能避免与整体劳动者队伍

---

① 刘次林. 劳动作为一种素养 [J]. 教育发展研究，2019，38（10）：3.

拉大距离，陷入只关注自己当下状况或只关注"诗和远方"的两个极端中，也才能避免陷入极端化情绪之中。要增强对劳动人民的情感，对一些大学生不能忍受外卖小哥迟到 5 分钟，对外卖小哥的劳动状态和劳动过程视而不见等现象要保持警惕，既要学习袁隆平、王进喜、郭明义等劳动模范的光荣事迹，也要积极了解身边的普通劳动者，戒除"劳模精神、劳动精神距离自己的日常生活很遥远"的认识。

除了热爱劳动的情怀，良好的劳动品德还经常来源于与身边劳动者的沟通。劳动情绪疏导最为现实也比较有效的方法是加强与身边人的互动，从中了解周遭人如何看待我们，懂得人与人之间如何交流，在与他人的互动中激发我们积极的劳动动机。换句话讲，大学生劳动品德的涵养还需要通过"附近"关系的构建来实现自身和普通劳动者的连接，让自己能够有机会重新观察身边的劳动者，重新审视校园里平凡普通的劳动者的重要作用，拉近与校园里的保洁阿姨、食堂里的师傅、大门的保安人员的距离；通过社会调查和实践活动走进生产线，认识我们身边的真实的劳模和工匠，认识他们真实的劳动环境、劳动过程，让他们不再作为一个符号或一个身份，而是一个个看得见的活生生的人，弥补生产和价值观的双重分割。

三、坚定意志，优化劳动决策

劳动情绪通过激发动机引导劳动行为。劳动行为不是一个简单的动作，而是一个包含了不同阶段劳动决策和各种具体活动的持续性劳动过程。在这一过程中，劳动者会借助于特定的思维模式形成固定的劳动意志。决定着人的劳动投入和能否坚持下去的品质，是人对于自身劳动行为关系的主观反映。《关于全面加强新时代中小学劳动教育的意见》提出，要注重抓住衣食住行等日常生活中的劳动实践机会，鼓励学生自觉参与、自己动手，随时随地、坚持不懈进行劳动，养成从小爱劳动的好习惯。对于大学生来讲，就是要随时做好利用自己所学专业从事创造性劳动的准备，慎重选择职业方向，一旦选择就要有坚持下去的顽强意志。

意志支配劳动决策并调节具体的劳动行为，具有自觉性、目的性和主观能动性。坚定劳动意志需要大学生不断提高控制不合宜心理因素和行为习惯的能力，增加自制力和自控力，改变慵懒的学习和生活习惯，对积极的劳动行为持续进行正强化，加强自我约束和自我激励，在不断地自省和自我思考中磨炼艰苦奋斗的意志品质，形成持之以恒的劳动观念和行为。建设知识型、技能型、创新型劳动者大军，实现从"制造大国"向"制造强国"的转变需要大学生增强荣誉感和使命感，贡献自己的聪明才智，更需要大学生用自己的行动来弘扬劳模精神和工匠精神，在工作中有耐心，能坚持，注重细节，追求极致，带头营造劳动光荣的社会风尚和精益求精的敬业风气。

四、行胜于言，强化劳动体验

优秀的劳动品德最终要落实于具体的劳动行为才有现实意义。正如亚里士多德所揭示的那样，德性是随时间推移在实践中逐渐发展的，劳动品德的培育不能离开实践的土壤。从教育的视角看，劳动是劳动教育的本体论范畴，劳动品德的涵养还要回归到"劳动"本身。《关于全面加强新时代中小学劳动教育的意见》强调"强化实践体验，让学生亲历劳动过程，提升育人实效性"，并明确提出要"让学生动手实践、出力流汗，接受锻炼、磨炼意志，培养学生正确劳动价值观和良好劳动品质"。可见，大学生劳动品德的涵养最终还是要落实在日常劳动体验上。

国有国法，行有行规，大学生丰富和深化劳动体验要从规范自身言行做起，用心领悟，用行动展示，避免走表演、作秀的形式主义路线。正像陶行知先生主张的那样，"在劳力上劳心"才是理论与实践的结合。换句话讲，大学生劳动品德的习得需要将自主选择、自我判断和自我反省的意念付诸实践，端正劳动态度，锤炼意志，在更加微观和具体的实践导向中回归自然，回归劳动的具体场域。在劳动实践中锻炼独立生活能力、勤俭朴实的生活方式；在劳动实践中提升其审美能力、道德判断能力；在劳动实践中积累宝贵的人生经验，汲取精神成长的养料，获得自我发展的动力。从被动接受劳动实践走向积极体验劳动实践，让自己对劳动的认知、情感和意识在实践中得以升华。①

第四节　大学生群体常见的劳动品德问题

自 2016 年以来，互联网风暴迅速刮进校园信贷市场，纷至沓来的"校园贷"在锻炼大学生理财能力、缓解家庭经济压力、通过适当超前消费更好完

---

① 徐海娇. 劳动教育的价值危机及其出路探析［J］. 国家教育行政学院学报，2018（10）：22-28.

成学业的同时，也引发了种种"乱象"和"骗局"，媒体和学者不断发文呼吁加强整治。在众多评论中，关于贷款平台违规放贷和相关部门监管漏洞的分析比较深入，但对于大学生群体的建议却大多停留在"提高安全意识"层面。事实上，赌博、攀比、炫富、自杀等一直与校园贷新闻事件相伴相随，从大学生校园贷上当受骗的额度、频次、人数、地区等指标综合来看，不难发现还有不劳而获、骄奢浪费等不良劳动品行从中作怪。大学校园内劳动品德的下滑的确值得我们关注和深思。

一、消极应付，被动做事

受网络媒体上一些不正确、不科学、不健康言论的影响，不谙世事的年轻人极易被误导，陷入一种忽视劳动、误解劳动甚至轻视劳动的错误观念之中，随之出现工作不尽责、做事不上心的行为，日常生活中则表现为怕吃苦，拒付出，妄图坐享其成。

在大学生群体中，劳动品德下滑已经不再是个例，社会对大学生劳动态度和行为的质疑时有发生。大学生应当及时自省，尽早改掉那些逃避劳动责任和工作敷衍了事的不良习惯。

（一）逃避基本的劳动义务

劳动是每一位有劳动能力的人的光荣职责。随着年龄慢慢步入成年人的行列，大学生在家庭、校园、社会中都或多或少应当承担起一些基本的劳动义务，但"在读书的掩盖下"，很多大学生却不自觉地做出逃避劳动的行为。一份来自大学的调查表明，相当一部分大学生对新时代劳动价值导向是充分认同的，也能清楚地认识到劳动是人类社会在和发展的基础，然而对劳动本质的理解还停留在比较浅显的层面、无法进一步阐释劳动对于精神世界、人的全面发展以及人类文明的重要意义。① 对劳动本质认识不足的突出表现是简单将劳动视作一种负担，进而产生逃避劳动的行为举动。近年来，日本、韩国和中国"蛰居族"越来越多，其中的青年人不在少数。2019 年 6 月，日本《儿童与青年白皮书》中首次推出了在家闭门不出超过半年的"蛰居族"专题，对那些几乎不走出自家和自己房间持续 6 个月以上的群体及其生活状

---

① 于丽. 新时代大学生中国特色社会主义劳动价值观培育研究 [D]. 长春：东北师范大学, 2019.

态进行了分析。① 目前，日本百万"蛰居者"中年轻无业者约为 71 万人，韩国约有 30 万人，美国无学无业的青年人口突破 600 万人，我国也有越来越多年轻人选择"家里蹲"。这个现象背后是全球经济下行、社会文化多元化、年轻人压力增加、现代科技带来的割裂等多重因素的影响。值得思考的是，如何有效帮助这些"隐蔽青年"重拾信心，引导他们重新回归社会，教育家苏霍姆林斯基曾强调个体参加体力劳动对于其精神世界的积极意义，加强青年人对劳动本质认识的劳动教育可能是其中的方法之一。

（二）常常被动做事

良好的劳动习惯对于大学生责任感的培养、劳动品质的磨炼都具有重要意义。劳动习惯的养成是一个持久的过程。由于物质生活条件的逐步改善、家庭教育和学校教育的升学导向，部分大学生的劳动意识趋于淡化、劳动态度倾向于"不主动、不负责、不积极"。尽管没有逃避劳动的结果那么严重，但被动劳动和消极劳动对于劳动美德的弘扬和劳动氛围的营造都会带来负面影响。部分大学生在集体宿舍中很少主动打扫卫生、在宿舍随手乱丢垃圾，甚至连食堂都不愿意去的现象并不少见。积极劳动意识和劳动习惯的培养尚需加强。2019 年进行的一项调查表明，约三成大学生在寒暑假平均每天做家务时间低于半个小时，接近两成大学生认同"家务活是家长的事"。② 另一份大学劳动观调查显示大学生的劳动意识亟待改观，仅有约三成的大学生表示会"积极主动地去做家务"，不到四分之一的大学生表示会主动"做寝室内务"。③

（三）骨子里轻视体力劳动

无论何种形式的劳动都是人类劳动的组成部分，只是由于社会分工的不同而具有其独特的价值。一些大学生尽管能够认识到劳动的重要性，但在看待具体劳动时却存在厚此薄彼现象，不能真正尊重普通劳动者，尤其是体力劳动者。大学毕业的时候，大部分同学都会向老师致谢、与同学道别，很少看到毕业生向宿管阿姨、食堂师傅、保卫、保洁工作人员道声辛苦问个

① 凤凰周刊.拯救百万日本蛰居族［EB/OL］.（2019-03-15）［2022-06-27］.http：//www.sohu.com/a/322675923.
② 李珂.嬗变与审视：劳动教育的历史逻辑与现实重构［M］.北京：社会科学文献出版社，2019.
③ 王小芳.大学生的劳动观及其教育研究［D］.太原：中北大学，2019.

好，其实良好的校园环境处处有他们的辛勤劳动和默默奉献。个别大学生对后勤工作人员蛮横无理的现象也时有发生，更有甚者上了大学之后看不起工人、农民出身的父母。对大学生劳动价值观进行的调查发现，一些大学生对畸形劳动文化尚不能正确辨识，比如超过两成的大学生认为"万般皆下品，唯有读书高"这句话是正确的。[1] 在实际找工作的时候，的确有为数不少的大学生会刻意强调自己"文化人"的身份，对体力劳动岗位不屑一顾，在工作中也没法脚踏实地，要求做一些"高端"的事情，其结果往往是高不成低不就，浪费了光阴。这可能跟我们"劳心者治人、劳力者治于人"的传统观念有关，陶行知先生曾指出二元论的哲学把劳心的和劳力的人分成两个阶级，他主张"在劳力上劳心"才是真正的一元论，才是理论和实践的结合。

二、劳动过程存在投机

劳动成果是劳动过程的自然凝结，是在辛勤付出后水到渠成的收获，这是一个浅显的生活道理。然而，有些大学生未能很好地认识到其重要意义，被家庭的娇宠、城市的繁华、一夜暴富的故事等迷惑了头脑，劳动过程中以结果衡量一切，不注重过程，存在明显的机会主义，甚至为了达到目的不择手段。当前日益严峻的大学生就业形势既与就业人数增加、经济形势复杂等客观因素有关，也与大学生自身在工作中眼高手低等主观因素相关，主要表现为缺乏艰苦奋斗的实干精神，急功近利、急于求成的行为有所增加，平等合作的团队意识弱化等。

（一）缺乏艰苦奋斗的实干精神

我国每年有数百万大学毕业生进入劳动力市场求职，成为各行各业的重要人才资源，他们的知识和志向大多无可挑剔，但与那些在实践岗位上成长起来的劳动模范相比，埋头苦干的劲头却要逊色许多，很多大学生对于"追求极致、精益求精"的新时代工匠精神认知明显不够深刻。调查显示，大学本科生认为工匠精神对自己的学习或工作"非常重要"的比例不到六成。[2]

---

① 李珂. 嬗变与审视：劳动教育的历史逻辑与现实重构 [M]. 北京：社会科学文献出版社，2019.

② 李珂. 嬗变与审视：劳动教育的历史逻辑与现实重构 [M]. 北京：社会科学文献出版社，2019.

习近平总书记强调，广大劳模在各自的岗位上铸就了"爱岗敬业、争创一流，艰苦奋斗、勇于创新，淡泊名利、甘于奉献"的劳模精神，是我们极为宝贵的精神财富。① 与之相比，少数大学生在实际劳动中挑肥拣瘦，有些宁肯在家啃老，也不愿俯下身子扎扎实实做一些基础工作。劳动精神尤其是工匠精神的培养亟待加强，好高骛远、空谈多于实干产生的根源更值得反思。

（二）急功近利的行为有所增加

曾几何时，"一分耕耘，一分收获"的理念深入人心。而今，娱乐至上、拜金主义却悄然潜入我们的校园。在就业机会和职场晋升中，由于各种原因出现一些"有付出、没收获""没付出、有收获"的情形，加剧了大学生不平衡的心态，导致校园里和职场中的机会主义和短期行为蔓延。一些大学生好逸恶劳，羡慕和追求"少劳多得"甚至"不劳而获"，对快速兴起的"网红经济"产生了强烈的冲动，导致"网红"一度成为大学生求职中的热门职业。② 博人眼球、利益导向以及对一夜成名、一夜暴富的渴望正在弱化大学生"一步一个脚印"的劳动价值观，一些年轻人急于求成，不愿意在平凡的岗位上挥洒汗水，不甘于弯下腰从"菜鸟"做起，不懂得业绩是一步一步积累起来的浅显道理。

（三）团队意识不强

有批评者认为大学正在培养"精致的利己主义者"，部分大学生善于利用体制达到自己的目的。学生社团活动作为大学生的劳动实践课堂之一，对于弘扬新时代青年文化有着积极的意义，然而某些学校的学生会官僚主义的倾向十分明显，"学生官"派头足、官威大。习近平总书记曾对中国政法大学的学子说，"青年要立志做大事，不要立志做大官"。③ 学生会不是"混圈子"，应返璞归真；学生干部不应摆架子，需加强平等合作的团队意识和服务意识。

---

① 习近平. 在同全国劳动模范代表座谈时的讲话［N］. 人民日报，2013-04-29.
② 人民网. 自媒体视域下大学生"网红"现象的研究［EB/OL］.（2019-06-19）［2022-06-27］. http：//medlia，people. cn/nl/2019/0619/c427924-31167571. html.
③ 新华网. 习近平：青年要立志做大事，不要立志做大官［EB/OL］.（2017-05-03）［2022-06-27］. http：// www. xinhuanet. com/politics/2017-05/03/c_1120913174. html.

三、不珍惜劳动成果

珍惜劳动成果不是压抑需求，而是用之有度，不超额，不浪费；珍惜劳动成果也不是对劳动毫无原则地神圣化，而是要发自内心地尊重劳动者及其辛勤付出。曾几何时，"节约悖论"和"年轻人是消费的主力军"等花钱有功论被肆意歪曲，"英雄也问出处"和"职业自有贵贱"等岗位歧视观被恶意美化，有钱就可以随意挥霍，有清洁工就可以随地乱扔，个别年轻人不珍惜劳动成果的行为令人惊讶。

（一）不珍惜他人劳动成果

一些学生以自我为中心，对他人的劳动成果视而不见。2018 年的一项调查显示，近八成大学生认同"我崇尚每日光盘行动，节约粮食"，还有两成大学生对此不以为然。另外，美好的校园环境是后勤工作人员的劳动成果，然而大学生不爱护校园环境、缺少公德意识的现象时常发生：教室的抽屉中垃圾堆积，很少有人主动站出来擦黑板；参与学生活动时，果皮纸屑或是奶茶杯四处摆放，散场后服装道具堆积如山，最后只能由学生会的同学作为工作任务来清理，随行带走垃圾的举手之劳竟成为一种奢望，活动组织者的辛劳付出被视作理所当然。

（二）不珍惜家人劳动成果

随着经济发展水平的提高、物质条件的改善以及消费主义的兴起，大学生炫耀性消费、攀比性消费、奢侈性消费也开始升温，父母支持自己上学变成了一种"超级义务"。2019 年的一项调查显示，约有四分之三的大学生每月花费在 2000 元以下，还有四分之一的大学生每月消费超过 2000 元。如果当月生活费花完，还不到父母给下一个月生活费的时间，有超过两成的学生会采取消费贷、分期付款、信用卡透支的方式或校园贷等借贷软件。① 部分学生不恰当地超前支出和无所顾忌地攀比消费在大学校园里影响恶劣，课间休息讨论的是口红色号，"跟风消费"被描述成"种草""长草""拔草"的过程，各种电子产品的品牌和价格成了身份的象征甚至班干部竞选的资

---

① 李珂. 嬗变与审视：劳动教育的历史逻辑与现实重构 [M]. 北京：社会科学文献出版社，2019.

本，思之令人担忧！

第五节　树立正确的劳动态度

一、辛勤劳动

人生在勤，勤则不匮。辛勤劳动是诚实劳动、创造性劳动的基本前提。辛勤劳动，既有"辛"也有"勤"。新时代，辛勤劳动有勤学和勤劳两方面的内容。

勤学，强调的是锐意进取、勤勉为人。一名劳动者要想有所作为，就应当树立终身学习理念，立足岗位，向师傅、向同事、向书本、向实践学文化、学科学、学技能、学各方面知识，增强自身综合素质、增长新本领，不断更新自我，积极应变，主动求变，与时俱进。

勤劳，强调的是脚踏实地、奋发干事。回溯历史，任何一点进步、任何一次成功都是由人民的艰苦奋斗、辛勤劳动创造出来的。越是美好的未来，越需要我们不畏艰辛、不辞辛苦。新时代面对各种新挑战，我们需要苦干笃行，愈挫愈奋。

二、诚信劳动

（一）诚信是最基本的职业道德规范

道德规范是社会规范的一种形式，逐渐形成于生活和生产实践活动中，是对人们行为和关系普遍规律的概括和反映。道德规范既是一种行为准则，调整人与人之间的利益关系，又是一种标准，用于评价人们的行为。我国的道德规范包括基本道德规范、社会公德规范、职业道德规范和家庭美德规范。其中，诚信是基本的社会道德规范，也是最基本的职业道德规范。

诚信是基本的社会道德规范。中共中央印发的《公民道德建设实施纲要》中提出了"爱国守法、明礼诚信、团结友善、勤俭自强、敬业奉献"二十字的公民基本道德规范。其中明礼诚信就是要求公民无论在任何场合、无论从事什么活动，都要讲文明、讲礼貌、讲诚实、讲守信。这里的诚信体现在生活劳动中，即诚信地从事日常生活劳动，遵守劳动规则，实事求是，言行一致。

诚信是基本的职业道德规范。职业道德规范特指在职业活动中，所有从业人员应遵守的行为准则和规范的总和。我国社会主义的职业道德的基本规范包括爱岗敬业、诚实守信、办事公道、服务群众、奉献社会。这里的诚实守信即诚信，要求在职场中诚实地从事劳动，坚守信用，并将其贯穿于整个劳动过程中。要全面地理解诚信劳动，首先需要了解诚信的一般含义，进而知晓劳动情境下诚信的特定内涵。

1. 诚信要遵守社会规范

诚信是社会生活中个人与个人、个人与社会、组织与组织之间都必须具有的能促进社会健康和可持续发展的一种社会道德和必须遵守的规则。作为一种社会道德范畴，诚信既是一种观念、意志和品质，存在于特定的社会关系中并借助于这种关系表现出来，又是一种行为规范，植根于人类生产劳动和生活劳动的各个角落，是具有明显社会性和实践性的道德实践活动，能调节人们之间的利益关系，帮助人类建立和维护良好的社会秩序。

诚信是为人做事的基本准则，是职业道德的基本要求，是社会赖以生存和发展的基石。"诚"即诚实无欺、诚实做人、诚实做事、实事求是，是指个体真诚的内在道德品质；"信"即有信用、讲信誉、守信义、不虚假，是内在诚实的外化。诚实、守信是联系在一起的，诚实是守信的基础，守信是诚实的具体表现。

当今社会，随着经济的转轨、社会的转型、多元文化价值观的冲击以及信息技术的高速发展，作为一般的社会道德规范，诚信对于个人、企业和政府来说都尤为重要。个人诚信才能立足社会，赢得尊重，获得友谊，通往成功；企业诚信才能从义中取利，获得最强竞争力，赢得市场；政府诚信才能取信于民，治国安邦。

2. 诚信劳动要遵守劳动中的规则

劳动具有规范性。无论是生产劳动还是生活劳动都要讲诚信，遵守规则或规范，这是社会道德和职业道德的最基本要求。诚信劳动要求劳动者在劳动过程中遵守劳动规则、规定和规范，履行个人或岗位职责，合理合法地劳动。劳动中的诚信既表现在个人的观念、意志和品质上，又表现在劳动的行为规范上。由此，可以将诚信劳动定义为在生产劳动和生活劳动中，始终把诚信作为根本准则，在个人品质上，树立诚信的观念，秉持诚信的意志和品质；在行为规范上，实事求是，谨慎许诺，言行一致，信守承诺，严格遵守规则，认真履行职责，知错能改，并勇于承担责任。

劳动中的诚信主要体现在三个层面：

（1）对劳动过程中所涉及的他人、团体和组织讲诚信。如在服务劳动中，要对自己服务的客户实话实说，言而有信。

（2）在劳动过程中诚信，包括在劳动材料的选用、操作工序的遵守和操作技能的掌握等方面，杜绝偷工减料、欺诈等失信行为。

（3）在劳动成果上讲诚信，注重质量，反对假冒伪劣、窃取他人劳动成果等不诚信行为。

诚信劳动中的劳动主要包括日常的生活劳动和生产劳动两个方面。在日常的生活劳动中，讲诚信就是要做到自己的事情自己做，且要保质保量地完成任务。在生产劳动中，诚信劳动体现为严守规范、认真踏实、一丝不苟、精益求精的工匠精神。具体来说，就是始终保持严谨认真的劳动态度，杜绝投机取巧的行为。在劳动过程中，从业者对每件产品、每道工序都凝神聚力、精益求精，即使已经做得很好了，还要做得更好。在劳动成果上，应执着追求产品的尽善尽美、质量的精益求精。各行各业的劳动者，无论是技术工人、技术员还是工程师，都要诚信地劳动，严格遵守劳动安全和技术操作规程。①

（二）诚信劳动是个体获得劳动成功的基石

人是社会性动物，无法离开社会而独立存在。人类的劳动也存在于一定的社会关系中，通过人与人之间的合作来实现。这种合作需要诚信去维持和巩固。因此，诚信是劳动中最基本也是最重要的态度、习惯和素养之一。对于个体而言，诚信劳动是个体在职场生存和发展的基石。

1. 诚信是职场交往的基本准则

诚信是立身处世、社会交往的基本原则。人的社会性体现在人际交往上，而诚信作为一种社会道德规范，是人际交往的基础。没有诚信，个人在社会上将寸步难行。孔子云："人而无信，不知其可也"，一个不讲信用的人，无法与他人正常交往，也就不能在社会中立足。诚信是一个人首先应具备的品质，没有诚信，其他良好品德也就无从谈起。诚信是交友之道，是处理人际关系的纽带。人们常说"心诚则灵""精诚所至，金石为开"，只有思想、品行端正，才会获得他人的尊重和信任，才能建立良好的社会关系，在职场中站稳脚跟，从而获得个人全面而自由的发展。

2. 诚信劳动是个体获得职业发展的基石

诚信是获得劳动成功的基石。诚信不仅是个体做人、做事和处世的信

---

① 赵鑫全，张勇. 新时代大学生劳动教育 [M]. 北京：机械工业出版社，2021.

条，还是立足职场的基本准则，成就事业的基石，通达行事的凭证，实现自我价值的保障。成功人士必备的品质包括：诚信、坚韧、顽强、执着和勤奋。其中诚信是第一位的，是建立个人口碑的关键所在，是职业发展的助推器。诚信劳动会使人获得更多的发展和晋升机会。

（三）诚信劳动应遵守的基本准则

在劳动中，诚信不仅是一种劳动态度，更应成为一种行为习惯，贯穿于全部劳动过程。作为个体的人，无论从事什么劳动，无论承担什么角色，无论处于什么劳动阶段，都要树立正确的诚信劳动观，坚定地崇尚、维护、恪守和实践诚信原则，谨慎许诺，恪守承诺，履行职责并积极承担责任。以下是诚信劳动中应遵守的基本准则。

1. 实事求是地承诺

诚信也就是实事求是，诚实无欺。在劳动中，人们根据自身的能力和水平，谨慎许诺，量力而行，不逞能，不说假话、大话和空话，有多大能力办多大事。老子曾说过，"夫轻诺必寡信，多易必多难"，就是告诫人们不要轻易许诺，一旦许诺了，就要努力兑现诺言。所谓"言必信"，就是指我们在劳动中绝不能把诺言当成戏言，必须经过慎重考虑，做出实事求是的承诺。否则，不仅自己的名誉和信用受损，还会引起他人的不满，破坏劳动规则。要做到实事求是地许诺，首先要正确地认识自己，客观评价自己的能力和外在条件，切忌未经思考就轻易许诺。其次要适度许诺，承诺的内容要具有可行性和可操作性。最后要讲究许诺的策略，眼光长远，说话要给自己留有余地。

在职场中，从事每份工作都有其任务和职责，为了加强自我管理和约束，切实履行工作职责，有时候需要书写一份岗位承诺书对自己的实际情况进行说明，并对工作的完成度做出承诺。

2. 不折不扣地执行劳动规范

诺言是对他人的保证，只有不折不扣地履行和实现它，才有实际的价值和意义。诚信劳动不仅是一种态度，更是一种实实在在的行动，并贯穿于整个劳动过程的始末，体现在实践中就是不折不扣地执行劳动规范。在劳动中首先要谨慎许诺，一旦承诺便要践诺履约，无论遇到任何困难都要坚守并贯彻到底。承诺无大小，再小的事也要认真对待，再艰难的承诺也要不折不扣地履行，所谓一言九鼎、一诺千金、一言为重百金轻，也就是这个意思。履行诺言首先要做到主动自律，时刻提醒自己实践诺言；其次，要符合法律规范和道德要求。合理合法的事情要义无反顾坚持到底，不合理不合法的事情坚决不做。生产劳动中履行承诺就是指严格地遵守企业规范和标准，不折不扣地执行岗位职责。任何的马虎或疏忽都会引发木桶效应（短板效应），成为自己工作中的短板，影响整体的劳动进程、产品质量、个人的声誉和职业发展。木桶效应是指由多块木板构成的木桶，其价值在于盛水量的多少。但是决定盛水量的关键因素不是最长的木板，而是最短的木板。若想增加木桶的盛水量只有换掉短板或者将其加长。在劳动中执行劳动规范时，往往是操作不当的环节决定着整体的劳动质量和效果。只有诚信地劳动，一丝不苟地遵守操作规范，丝毫不打折扣，才能立足职场，取得成就。

3. 执着追求高质量的劳动成果

诚信劳动并不是嘴上说说而已，关键是看实效，体现在劳动中，即追求高质量的劳动成果。我们常说"言必行，行必果"，精益求精，追求卓越，说的就是这个道理。高质量地完成劳动既能彰显个人能力，又能体现出个体的劳动态度和素质。首先要对自己高标准、高要求，坚决杜绝随意糊弄、弄虚作假、指鹿为马的现象发生；其次要有执着的精神，坚持不懈，在追求高质量劳动成果的过程中会出现各种难题和阻力，这时不能轻言放弃，否则前功尽弃，违背了诚信的原则。

4. 勇于承担劳动责任

对人守信，对事负责，是诚信劳动的基本要求。诚信意味着责任，责任是诚信的保障和最终归宿，是获得劳动成功的一扇大门。恪守诚信落实到具体的劳动中，就要踏踏实实做好自己的事，并敢于对劳动负责，不推卸责任。首先，要树立负责任的观念，以认真负责的态度去劳动；其次，要做好分内事，承担应该承担的任务，完成自己的使命；最后，还要诚恳地面对失误和问题，敢于承担责任，知错能改，并寻找补救的方法，这也是一种诚信，是在生产劳动中必备的素质。

三、主动劳动

（一）积极对待被安排的劳动任务

在我们的日常生活和学习中，家长、老师和同学会给我们安排一些劳动任务，如日常家务、班级值日、义务劳动等。要做到积极主动地劳动，首先就应该积极对待被安排的劳动任务。

1. 欣然接受被安排的劳动任务

当他人安排给你劳动任务时，你是欣然接受、一口拒绝还是婉言推辞？面对这些被安排的劳动任务，我们可能会有各种各样的想法："我没做过，不会做""我做过很多遍了，没有挑战性"等。显然，这些都不是积极对待劳动任务的态度。

其实，家庭和学校的日常劳动任务对于我们青年学生来说，并不是很繁重或难度很大的任务，我们不应把它们看成一种负担。从心理学上讲，态度具有指向性和对象性等特征，影响着我们的行为倾向，也影响我们对行动对象的选择，即态度能够使我们趋近某些事物或逃避某些事物。积极对待劳动任务，第一步就是要做到毫无怨言、欣然接受劳动任务。

2. 及时完成被安排的劳动任务

及时行动是积极主动的特点之一。然而，很多人觉得，安排给我们的劳动任务都是些重复性任务，自己对任务不感兴趣而又不得不完成，就产生了对劳动任务的抵触心理，因此在执行任务时，能拖则拖。久而久之，面对劳动任务，就养成了消极拖延的习惯；拖延之后，又由于时间紧迫，草草应付劳动任务，无法保证劳动质量，也体会不到劳动带来的成就感，从而更加抵触劳动任务，由此就陷入了拖延和抵触的循环。

古人说："明日复明日，明日何其多。我生待明日，万事成蹉跎。"唯物辩证法认为内因是事物自身运动的源泉和动力，是事物发展的根本原因，外因是事物发展、变化的外部的原因。内因是变化的根据，外因是变化的条件，外因通过内因而起作用。对劳动任务抵触和拖延，根本原因在我们自己身上。要克服拖延，就要在接到劳动任务之后，给自己设定任务完成期限和完成标准，充分利用好劳动时间，合理分解劳动任务，及时付诸行动，高效开展劳动。

3. 克服劳动过程中的懒惰情绪

让身体安逸是人类的自然需求。因此，懒惰情绪可以说是人皆有之，劳动过程中存在懒惰情绪也是正常的。但是，积极主动劳动的人，能够通过自我调整克服这种懒惰情绪。

实际上，懒惰是一种心理上的厌倦情绪，表现在行为上是一种散漫的、松懈的、不振作的状态。曾国藩说："百种弊病，皆从懒生。懒则弛缓，弛缓则治人不严，而趣功不敏，一处弛则百处懈矣。"可见懒惰之人，是很难有一番成就的。《易经》有言："天行健，君子以自强不息。"勤劳是中华民族的传统美德和民族精神。中华民族依靠勤劳创造了灿烂的华夏文明；中国人民依靠勤劳取得了改革开放的辉煌成就。在劳动过程中，我们应谈到继承和发扬勤劳这一传统美德，主动克服自己的懒惰情绪，真正做到勤快劳动，用勤劳铸造青春风采。①

（二）正确对待"苦差事"和"分外事"

在实际劳动过程中，难免会存在一些"苦差事"，也会存在一些"分外事"。对待这两者的态度，直接影响你是否能够积极主动地劳动。

1. 做别人不愿意做的"苦差事"

对于一些因难度大或者比较烦琐而大家都不想做的任务，即所谓的"苦差事"，有些人选择将其留给队友，也有些人不计较、不抱怨，主动接受了"苦差事"并克服困难、高质量地完成了任务。正是因为完成了这种高难度的劳动任务，既证明了自己的能力和专业实力，又得到了同事们的尊重和认可。有时，换个角度，"苦差事"也是考验和锻炼自己的机会，我们应该主动去做一些"苦差事"，提高自己处理复杂事务的能力。

2. 主动承担分外的劳动任务

什么是分外的劳动任务？顾名思义，就是不属于自己任务范围的劳动任务，其中包括一些职责归属不是很明确的劳动任务。在学校和班级安排的劳动任务中，常有这种职责归属不明确的任务。有种观点认为，分外的劳动任务，不做没有错，但是做得不好却有可能给自己造成不良影响，是"费力不讨好"的任务，"多一事不如少一事"，所以我们应该对分外劳动任务视而不见。但真的能这样吗？答案无疑是否定的。

我们应该正确理解"分外"二字。在一个集体中，所有的任务都是有关联的，虽然有职责分工，但最终落脚点还是在集体任务是否按计划完成上。如果其他人的劳动任务没有完成，集体任务也不可能完成，同样也会影响到自己的劳动。因此，我们应该培养整体思维和大局意识，在完成分内任务的基础上，只要有助于整个劳动任务的顺利完成，就应积极去做，并且尽全力做好，不要计较任务是"分内"的还是"分外"的。

3. 主动帮助别人完成劳动任务

在日常劳动过程中，你肯定遇到过这种情况：自己手头的活儿已经做完了，可以停下来休息一会儿了，但是队友的劳动任务还没有完成。这个时候，你会选择休息还是主动帮助队友一起干活？

---

① 徐国庆. 劳动教育［M］. 2版，北京：高等教育出版社，2021.

换位思考一下，我们在劳动过程中也同样会遇到各种困难，也会希望得到别人的帮助。因此，在队友非常忙碌、疲于应付劳动任务的情况下，我们应该主动伸出援助之手。首先要主动和队友沟通，确认任务目标、任务实施进度、后续分工，确保尽快完成劳动任务，避免"好心却帮了倒忙"。确认自己要做的任务之后，再有针对性地着手去做。要特别提出的是，在帮助他人劳动的过程中，要做到真诚地为他人提供帮助，真正做到帮助别人既不为凸显自己，也不求回报。送人玫瑰，手有余香。长此以往，你会发现，当你需要帮忙时，也会很快得到他人的真心帮助。

（三）发现和设计潜在的劳动任务

积极主动地劳动，除了积极对待他人安排的劳动任务之外，还有一个很重要的层面，就是积极主动地发现和设计劳动任务。如何才能精准发现、合理设计劳动任务呢？

1. 努力做到"眼里有活"

"眼里有活"，是一种眼力，一种积极向上的能动性，就是我们常说的"有眼色"，知道自己要做什么，而不是像陀螺一样，"抽一下动一下"，等着别人来安排任务。"眼里有活"源于积极主动的态度。在劳动过程中，有的人会觉得自己"闲来无事"。其实，并不是真的像他们所说的"已经把活儿干完了，没活可干"，而是他们不想了解、也不去了解还有哪些活可干。而"眼里有活"的人，"脑中想事"，愿意花心思思考，善于发现自己周围的任务，并能够主动发现自己身上可以改进的地方。因此，同样的一个劳动任务，不同的人去做往往有不同的结果，"眼里有活"的人能够更出色地完成劳动任务。

"眼里有活"，本质就是在没有人要求和督促的情况下，依然能够自觉发现并完成任务。要做到"眼里有活"，最关键的是完成从"要我做"到"我要做"的转变，在劳动过程中真正做到主动思考任务、主动发现任务、主动关注过程和主动改进方法。

2. 主动设计潜在的劳动任务

当发现身边潜在的可以开展的劳动任务时，接下来要做的就是把潜在的任务变成行动。此时，就需要设计一个明确、合理的劳动任务方案。设计劳动任务和接受他人安排的劳动任务，所需要的意识和能力是不同的，设计劳动任务的要求更高。设计劳动任务方案，首先要做好和劳动服务对象或相关工作人员的对接和沟通，明确他们的实际需求，如要组织开展社区劳动服务，就先要和社区工作人员沟通确认。此外，在劳动任务方案中，要说明劳动目标、地点、对象、形式、实施过程、任务清单、人员分工等，确保方案清楚明了、具有可行性。①

当我们踏上工作岗位，在未来的事业发展过程中，如果只会承担别人安排的任务的话，是很难真正有所成就的。追求事业的过程也是坚持劳动的过程。如果能够基于自己的事业发展目标，善于发现、主动规划、合理设计和全力实施工作任务，就一定能在自己的工作领域不断取得突破和发展。

（四）尽心尽力地完成劳动任务

把任务变成行动是一种执行力。而能否把行动变成期待的结果，则取决于我们在执行劳动的过程中是否能够尽心尽力地完成每一项任务。

2020 年新型冠状病毒肺炎疫情暴发后，3 万余名工人在火神山、雷神山医院坚守岗位，竭尽全力，24 小时不停轮班地作业，忙碌起来一天只睡四五个小时乃至通宵无眠，有的工人甚至吃住都在挖掘机等机械设备和车辆上。正是由于他们的全力付出，火神山医院、雷神山医院才能在 10 天左右双双建成，在打赢疫情防控阻击战中起到支柱性作用。

1. 不折不扣地落实劳动任务

不论是做被安排的劳动任务，还是做自己主动发现和设计的劳动任务，都要不打折扣、保质保量地落实劳动任务，这是开展劳动最起码的要求。我们首先应该明确劳动任务的目标和要求，根据劳动任务的特点，制订合理的劳动计划。之后，要严格按照任务目标和劳动计划，一步一个脚印、踏踏实实地开展劳动。在劳动过程中还要做到认真仔细，发现可能出现的问题，并尽快想办法解决。劳动完成之后，要将自己的劳动成果和劳动目标进行比对，找出差距并尽力弥补，尽可能高质量地把任务完成到位。

在落实任务的过程中，提高劳动效率也是非常重要的。我们还应该在劳动中不断学习各种劳动技能，积累更多的劳动经验，增强自己的劳动能力，确保更加高效地完成劳动任务。

2. 全身心地投入劳动任务

尽心尽力地劳动，除了要不折不扣地完成劳动任务，还要有满腔的热忱和精益求精的精神，主动发挥自己的聪明才智，全身心地投入劳动任务。这样，可以使原本平凡的事变得不平凡，把简单重复的劳动变成艺术。季羡林

---

① 徐国庆. 劳动教育［M］. 2 版，北京：高等教育出版社，2021.

先生曾撰文回忆和他生活了 10 年之久的女房东，称她虽只是一个平平常常的家庭主妇，但因其对家务的尽心，又显得实在不平常："地板和楼道天天打蜡，打磨得油光锃亮。楼门外的人行道，不光是扫，而且是用肥皂水洗。人坐在地上，决不会沾上半点尘土。"这种对劳动的尽心和投入，给季羡林先生留下了极为深刻和美好的印象，意义显然已经超越了劳动本身。

"全身心地投入"不仅是劳动的准则，也是人生的准则。在事业上取得成就的人在自己的工作领域一定是全身心投入过的。我们未来无论从事何种职业，都要全身心投入其中，尽自己最大的努力，在工作过程中勇于迎接挑战，主动克服困难，改进和完善自己的工作，不断地追求进步。

四、重视劳动体验

"民生在勤，勤则不匮"。勤劳是中华民族的传统美德。然而，在物质生活较为富裕的当下，有些人自幼过着饭来张口、衣来伸手的生活；有些人奉行享乐主义，认为洗衣、做饭是可以用钱买到的服务；还有些人对劳动有性别歧视，认为洗衣、做饭都是专属于女性的活，男性要成大器不能为家务活所累。这些懒惰的行为和偏执的思想与尊重劳动、热爱劳动的社会主义新风尚背道而驰。

当我们抛开所谓的三六九等、享乐主义、贵贱之分等观念，能够正视劳动的意义时，就会发现劳动在人类的生存发展中起着积极的作用，它不仅是我们谋生的手段，能使我们学会生活技能，还能增强人的自立自强精神。白求恩大夫在 1938 年来到抗日前线的战地医院时，发现前线医院大量缺乏药品和医疗器械。他动员当地的军民自己动手制作简易病床和工作服。当时医疗队的很多手术器材和药物都是牲口驮运的，而为了防止药瓶子被撞碎或打翻，白求恩大夫设计草图，与当地人民一起制作出了简易的药架子，他本人曾诙谐地说，一个战地医生，应该学会木工和铁匠的手艺，这样才能根据伤员的需要改进医疗设备。

许多国家从幼儿园时期就开始对学生进行劳动意识的启蒙，帮助学生自幼树立正确的劳动意识，在基础教育阶段已将培养学生的社会生存能力、法治意识和动手能力适切地融入课程。我国于 2020 年将劳动设为高中阶段必修课，要求高中生在三学年内累计课外从事志愿者服务不少于 40 小时。无论是打扫卫生等生活劳动，参加植树、秋收等公益性生产劳动，还是去福利院做义工，只要积极参与劳动就有助于年轻人接触社会，深入生活，也有助于社会形成较为统一的价值观。

苏霍姆林斯基认为在教学初期，儿童的体力劳动带有很强的认识的目的，即摸索大自然的规律性，认识劳动的创造性，学习各种技能和技巧。这种目的把认识性劳动和生产劳动区别开来。他提出从认识性劳动向生产劳动过渡这一说法，并认为学生向生产劳动的过渡，在相当大的程度上取决于认识性劳动的性质和内容。学生按部就班地参加包含生产劳动成分的认识性劳动，使他们由学习向生产劳动的过渡成为一个十分自然的过程，而且不产生任何副作用。无论是生活中不起眼的手工劳动，还是种树养花，在苏霍姆林斯基看来，都会使每个受教育者获得同生产劳动密切相关的和个人生活中必不可少的技能和技巧。他认为目的各异的认识性劳动有利于帮助学生做好投入劳动生活的全面准备。①

在现实生活中，自幼养成从事认识性劳动的习惯，珍视身边一切可以动手劳作的机会，哪怕是拧螺丝这样微不足道的手工活，都有助于我们发现自身的兴趣与潜质，培养探索精神。在日常生活中，如果我们自幼积极参与家务劳动、校内劳动、校外劳动，获取各种劳动体验，认识各种劳动的意义与价值，那么日后走上工作岗位从事生产劳动就会觉得这是一件非常自然的事，而且也会更加认同并热爱自己的工作。

---

① 刘向兵. 新时代高校劳动教育论纲 [M]. 北京：社会科学文献出版社，2019.

第五章
大学生劳动精神的弘扬

第一节　劳动精神概述

在长期的实践中，我们培育形成了崇尚劳动、热爱劳动、辛勤劳动、诚实劳动的劳动精神。人间万事出艰辛。人世间的美好梦想，只有通过诚实劳动才能实现；发展中的各种难题，只有通过诚实劳动才能破解；生命里的一切辉煌，只有通过诚实劳动才能铸就。崇尚劳动、热爱劳动、辛勤劳动、诚实劳动，是人生出彩的金钥匙，也是创造美好生活的必经之路。

一、劳动精神的内涵

习近平总书记强调，劳动最光荣、劳动最崇高、劳动最伟大、劳动最美丽，并指出要在全社会大力弘扬劳动精神。那么，什么是劳动精神呢？劳动精神既有学理上的定义，也包含当代现实价值的内容。

（一）劳动精神的基本含义

劳动精神是每一位劳动者为创造美好生活而在劳动过程中秉持的劳动态度、劳动观念、劳动习惯及展现出的劳动精神风貌。劳动是人类生存的前提，也是人类文明产生和发展的基础，劳动与人类社会相伴相生，劳动创造了人类，创造了人类文化。劳动不仅为文化的形成提供物质基础和精神基础，而且劳动本身也充满丰富的文化内涵。也就是说，劳动包含文化的要素，因为任何劳动都必然体现为劳动者的劳动思维、劳动技能、劳动责任感、劳动价值观、劳动态度、劳动习惯、劳动追求、劳动理念及劳动精神等重要内容。纵观世界文明史，人类的所有进步和发明创造都是劳动取得的，而创造一切文明奇迹的根源，就在于人类身上体现出的劳动精神。[①]

劳动者创造劳动精神，劳动精神成就劳动者。当前，国家全面推动劳动教育，大力弘扬劳动精神，一方面展现了党和国家对广大劳动者的高度重视，另一方面也体现了劳动精神对培育社会主义建设者和接班人的重大意义。

1. 劳动精神体现劳动态度

劳动精神首先表现为劳动态度。态度决定高度，劳动态度决定劳动的质量。所以我们学习和践行劳动精神就需要端正劳动态度。劳动态度左右着我们的劳动思维和判断，控制着我们的劳动情感与劳动实践，有什么样的劳动态度，就会有什么样的劳动成果。

2. 劳动精神展现劳动观念

劳动精神的核心是劳动观念，即劳动者对劳动的认识和看法。在现代社会，随着科技的进步和人们生活水平的提高，资本、知识、技术、信息在生产生活中的作用不断凸现，人们的劳动观念发生了很大变化。部分人对劳动的理解出现偏差，好逸恶劳、渴望不劳而获、盲目消费、拜金主义等不良风气有所抬头。这就需要用马克思主义劳动观特别是新时代劳动观，引导广大劳动者尤其是青少年树立正确的劳动观念。[②]

3. 劳动精神彰显劳动习惯

弘扬劳动精神的目的就是养成热爱劳动、尊重劳动、崇尚劳动、践行劳动的好习惯。每一位劳动者都应该养成良好的劳动习惯。青少年时期是劳动习惯养成的关键阶段。学校、家庭、社会等要密切配合，合理分工，根据不同学习阶段的特点，采取有效的劳动教育手段，激发青少年自觉参与劳动实践，循序渐进引导青少年养成热爱劳动、尊重劳动、崇尚劳动、践行劳动的好习惯。

（二）新时代劳动精神的主要内容

2020 年 11 月，习近平总书记在全国劳动模范和先进工作者表彰大会上的重要讲话中，概括了劳动精神的主要内容，即崇尚劳动、热爱劳动、辛勤劳动、诚实劳动。崇尚劳动就是让每一位劳动者认识劳动的重要价值，牢固树立劳动最光荣、劳动最崇高、劳动最伟大、劳动最美丽的观念。热爱劳动就是让每一位劳动者热爱自己的岗位和工作，营造热爱劳动的社会风气，培

---

① 刘向兵. 新时代高校劳动教育论纲［M］. 北京：社会科学文献出版社，2019.
② 左小凤. 新时代劳动的价值与实现研究［D］. 广州：华南理工大学，2020.

养青少年热爱劳动的习惯和素养。辛勤劳动就是勤奋地劳动，从中磨炼劳动意志和劳动毅力，既要有吃苦耐劳的精神，又要养成勤快的习惯。诚实劳动，既是劳动态度，也是劳动品格，就是既要以诚实的态度做事，又要以诚实的态度做人。新时代劳动精神是对广大劳动者劳动实践的高度肯定和科学总结，是对马克思主义劳动观的丰富和发展。

马克思以劳动解说唯物史观，以劳动构建剩余价值学说，以劳动奠基人的解放思想，从而形成丰富的劳动思想。习近平总书记在继承马克思劳动思想的基础上，结合当代劳动的新特点和新变化，从如何对待劳动、如何对待劳动者、如何对待劳动关系三个层面，对劳动精神作出了与时俱进的科学诠释。新时代劳动精神是以劳动创造价值为核心内容的理论阐述，集中体现以人民为中心的价值取向，彰显以构建和谐劳动关系为鲜明特征的制度优势。[①]

二、劳动精神的时代价值

劳动精神的提出和践行，在我国建设社会主义现代化强国的新时代有着重要的时代价值，主要表现为政治价值、经济和社会价值、教育价值。

（一）政治价值

劳动精神的首要时代价值表现为政治价值。也就是说，劳动精神的弘扬和践行既是马克思主义劳动观的具体要求，也是中国特色社会主义事业发展的内在需要。从这个意义上讲，劳动精神体现了党和国家坚持马克思主义理论指导的立场。以劳动为重要理论基石形成的马克思主义理论，不仅深刻改变了世界，也深刻改变了中国。

劳动精神体现为科学精神、以人民为中心的精神、实践精神、开放精神。科学精神强调通过劳动来认识和遵循客观规律；以人民为中心的精神强调尊重人民群众的劳动主体地位及其劳动的积极性、主动性、创造性；实践精神强调借助于劳动实践来完成认识世界、改造世界的任务；开放精神强调劳动者需要不断地自我革命和自我提升。其中，以人民为中心的精神是劳动精神的核心。这就要求我们弘扬和践行劳动精神，必须坚持人民立场，富有人民情怀，大力弘扬劳动光荣、知识崇高、尊重人才、创造伟大的时代新风，推动全社会热爱劳动、投身劳动、爱岗敬业，为社会主义现代化建设和中华民

---

① 徐国庆 . 劳动教育 ［M］. 2 版，北京：高等教育出版社，2021.

族伟大复兴贡献智慧和力量。①

（二）经济和社会价值

劳动精神的经济和社会价值主要是指劳动精神对于我国经济和社会发展的重大价值。劳动精神的经济和社会价值本质上体现的是劳动和劳动者的经济和社会价值。也就是说，经济和社会的发展根本上是由劳动和劳动者推动的。实现中华民族伟大复兴的中国梦，是我国新时代经济和社会发展的重要目标。要实现这一目标，就必须重视劳动和劳动者及其展现的劳动精神。党和国家特别是习近平总书记对于劳动精神的高度重视，就是因为劳动和劳动者对于我国经济和社会的发展具有重大的推动作用。为了更好地发挥劳动和劳动者在我国新时代经济和社会发展中的巨大作用，展现劳动精神的经济和社会价值，2017 年中共中央、国务院印发了《新时期产业工人队伍建设改革方案》，充分体现了以习近平同志为核心的党中央对包括产业工人在内的工人阶级的高度重视和亲切关怀，释放出党中央始终坚持以人民为中心的发展思想和全心全意依靠工人阶级方针的强烈信号，体现了劳动精神的经济和社会价值，对于实施制造强国战略、全面提高产业工人素养具有重大而深远的意义。

（三）教育价值

劳动精神的弘扬和践行不仅有着重要的政治价值、经济和社会价值，而且有着重要的教育价值。劳动精神的教育价值既体现在全社会都要学习、弘扬和践行劳动精神上，又体现在所有学生都要接受劳动精神的教育上。从一定意义上讲，劳动精神的教育就是热爱劳动的教育。新时代的我国学生在接受德、智、体、美教育的同时，还必须接受劳动教育，成为德、智、体、美、劳全面发展的社会主义建设者和接班人。

2020 年 3 月 20 日，中共中央、国务院颁发的《关于全面加强新时代大中小学劳动教育的意见》（以下简称《意见》），在谈到劳动教育的重大意义时指出，近年来一些青少年中出现了不珍惜劳动成果、不想劳动、不会劳动的现象，劳动的独特育人价值在一定程度上被忽视，劳动教育正被淡化、弱化。对此，全党全社会必须高度重视，采取有效措施切实加强劳动教育。《意见》进一步指出，把劳动教育纳入人力培养全过程，贯通大中小学各学

---

① 胡颖蔓，欧彦麟. 大学生劳动教育［M］. 长沙：中南大学出版社，2020.

段，贯穿家庭、学校、社会各方面，与德育、智育、体育、美育相融合，紧密结合经济社会发展变化和学生生活实际，积极探索具有中国特色的劳动教育模式，促进学生形成正确的世界观、人生观、价值观。

《意见》还对劳动教育体系作了全面阐述，指出有目的、有计划地组织学生参加日常生活劳动、生产劳动和服务性劳动，让学生动手实践、出力流汗、接受锻炼、磨炼意志，培养学生正确劳动价值观和良好劳动品质。通过劳动教育，使学生能够理解和形成马克思主义劳动观，牢固树立劳动最光荣、劳动最崇高、劳动最伟大、劳动最美丽的观念；体会劳动创造美好生活，体认劳动不分贵贱，热爱劳动，尊重普通劳动者，培养勤俭、奋斗、创新、奉献的劳动精神；具备满足生存发展需要的基本劳动能力，形成良好劳动习惯。

第二节　劳动精神的特征

中国特色社会主义进入新时代，中华民族迎来了从站起来、富起来到强起来的伟大飞跃，迎来了实现中华民族伟大复兴的光明前景。当代大学生是民族复兴伟大进程的见证者和参与者，更是社会主义事业的生力军。"不惰者，众善之师也"，大学生要承担起时代赋予的历史责任，就必须深刻认识劳动教育的重要性，培养勤俭、奋斗、创新、奉献的劳动精神。

一、劳动精神的中华传统文化特征

无论在现实需要层面还是在学理层面，劳动精神都是一个十分重要的课题。中华民族历来就有勤劳勇敢、自强不息的优良传统，在劳动中形成辛勤劳动、诚实劳动、创造性劳动的理念和劳动最光荣、劳动最崇高、劳动最伟大、劳动最美丽的价值观。

（一）勤俭是中华民族的传统美德

古人很早就提出了"俭，德之共也；侈，恶之大也"，"历览前贤国与家，成由勤俭破由奢"等与勤俭有关的思想观念。诸葛亮把"静以修身，俭以养德"作为"修身之道"；朱柏庐将"一粥一饭，当思来处不易；半丝半缕，恒念物力维艰"当作齐家的训言；毛泽东以"厉行节约，勤俭建国"为治国的经验。在漫漫的历史长河中，勤俭思想观念逐渐积淀为中华民族最深沉的民族禀赋。勤俭是具有鲜明中华民族传统美德特征的劳动精神。《说文解字》："勤，劳也。"由此可见，"勤"就是"劳"，"勤"富含鲜明的劳动精神。《尚书》中"克勤于邦，克俭于家"把勤、俭联系起来阐述，强调勤俭于国于家都是中华民族不可或缺的传统美德。我们党继承和弘扬中华民族这一传统美德，铸就了艰苦奋斗、勤俭立业的优良传统。1936年，美国作家埃德加·斯诺来到延安，见到我们党的领导人住在简陋的窑洞里，睡在土炕上，穿着用缴获的降落伞做成的背心。他把这种勤俭精神称为"兴国之光"。中华文明之所以能够生生不息、历久弥新，中华民族之所以能够砥砺前行再创辉煌，正是因为具有勤劳节俭、艰苦奋斗的品质。[①]

（二）中华民族是勤于劳动、善于创造的民族

劳动精神的中华传统文化特征集中体现为"勤"，即对劳动的尊重与热爱。"民生在勤，勤则不匮"，劳动不仅铸就了中华民族灿烂辉煌的历史，而且创造了中国日益发展壮大的今天。中华民族是勤于劳动、善于创造的民族，五千年的历史文明中，中华优秀传统文化延绵不绝，内含对"劳动"精神的尊重与追求，从盘古开天辟地、女娲补天、精卫填海、愚公移山的神话故事，到"一抓准"张秉贵、"光明使者"张黎明等中国劳模事迹；从古代诸子百家"赖其力者生，不赖其力者不生"的劳动主张，到近代中华各族儿女为国家独立与富强、民族发展与振兴的付出和努力；从改革开放、大胆创新的伟大实践，到今天全面建成小康社会、人民追求美好幸福的生活，这所有的一切，都离不开劳动实践，折射出中华民族坚韧不拔、迎难而上、筚路蓝缕、勤以为民的精神品质。

中国古代人民对劳动的认知和热爱，透过一些经典著作可见一斑。如《大戴礼记·武王践祚·履屦铭》强调财富与劳动的密切关系时指出："慎之劳，则富"，《尚书·周官》中有"功崇惟志，业广惟勤"等与劳动相关的经典语句。《老子》中强调"天下难事，必作于易；天下大事，必作于细"，表明成功的背后，必定是艰辛的努力和付出。《管子》中有言："天下之所生，生于用力，用力之所生，生于劳身。"这些思想意在强调勤劳的双手和诚实的劳动是创造美好生活的真谛，也是通往幸福的必由之路。儒家荀子主张劳作与节俭，强调"强本而节用，则天不能贫"，而劳动实干派墨家更是积极倡导以劳动为本位，认为劳动要与知识有机结合。可以说，尊重劳动、勤于劳动的优秀品质，从一开始就深深滋养着一代代华夏儿女的心田，而中

---

① 胡颖蔓，欧彦麟. 大学生劳动教育［M］. 长沙：中南大学出版社，2020.

国的长城、都江堰、紫禁城等更是中华民族劳动实践最好的证明。①

综上所述，勤劳节俭、孜孜以求、艰苦卓绝的精神品格历来为中华民族所推崇，这些传统优秀文化中孕育的伟大梦想和劳动精神支撑着中华文明历久弥新，引领和激励着中华民族一路前行、披荆斩棘。

二、劳动精神的社会主义特征

（一）尊重劳动的价值取向

尊重劳动就是坚持劳动至上，让劳动者创造伟大。正如习近平总书记所言："在我们社会主义国家，一切劳动，无论是体力劳动还是脑力劳动，都值得尊重和鼓励；一切创造，无论是个人创造还是集体创造，也都值得尊重和鼓励。"诚然如此，劳动使人类从远古走到现在，从野蛮走向文明，成为推动经济社会进步的根本力量。回首过往，尊重劳动的价值取向在历史发展中不断强化。从古代"轻劳动与重民本、倡勤劳并行"，到近代"劳工神圣"观念的兴起，再到当代"劳动光荣、创造伟大"价值的倡导，无不彰显了我国人民尊重劳动的历史逻辑与实践形态。可以说，中华民族历来是尊重劳动、尊重劳动者及其劳动成果的民族。正是因为尊重劳动、尊重劳动者，才创造出举世瞩目的中华文明，才有力地推动中国特色社会主义进入新时代，才为实现中华民族伟大复兴奠定了扎实的基础。当前，我国物质文明成果和精神文明成果不断丰盈，一大批"国之重器"、高新技术、"硬核"产品竞相涌现，其背后凝结的无不是劳动者的辛勤汗水和聪明才智。

如果缺失对劳动者的应有尊重、对劳动地位应有的认可，人民群众对美好生活的追求将无从谈起，中华民族的伟大复兴也将难以实现。为此，习近平强调："全社会都要贯彻尊重劳动、尊重知识、尊重人才、尊重创造的重大方针……任何时候任何人都不能看不起普通劳动者，都不能贪图不劳而获的生活。"显然，每一种劳动形态都有其存在的价值和意义；每一个劳动者的付出，都助力实现梦想。只有充分尊重劳动，才能激发劳动者的奋斗热情和创造活力，助推他们创造幸福生活、实现远大理想。广大人民群众也唯有投身劳动，坚定信念，在工作岗位上各司其职、各尽其责，不断发光发热，才能成为民族复兴的合格见证者、优秀参与者和伟大奉献者。

---

① 左小凤. 新时代劳动的价值与实现研究 [D]. 广州：华南理工大学，2020.

（二）崇尚劳动的价值取向

崇尚劳动就是推崇劳动之美、认可劳动者的价值与地位。只有全社会都崇尚劳动，才能释放劳动的价值魅力，才能提升对劳动者的认同，才能为实现中国梦汇聚最磅礴的力量。一个时代无论处在何种历史方位，一个国家、一个社会无论内外条件如何变化，崇尚劳动都应是永恒的主题，都必须始终关注劳动者在推动国家发展、社会进步和家庭幸福中的主力军作用。反之，如果不鼓励人民群众特别是青年人从基础做起、从基层做起，而是任由他们一味追求身份与工作的"光鲜亮丽"，忽略成功背后的辛劳与汗水，就难以梦想成真。党和国家倡导崇尚劳动，是因为劳动乃一切成功的必经之路。当前中国处于"两个一百年"奋斗目标的历史交汇期，正朝着建设社会主义现代化强国迈进，在根本上需要依托劳动、依靠劳动者。可以说，把崇尚劳动作为全社会弘扬劳动精神的重要一环，既是对劳动者社会地位的表达，也是对劳动独特作用的认定。需要指出的是，无论劳动者从事哪种职业劳动，只要能立足本职工作岗位，肩负起应尽的职责，做到干一行、爱一行、精一行，就都是光荣的。①

但不可否认的是，个别人依然持有轻视劳动、厌恶劳动的错误认识和思想观念，人为地把劳动划分为三六九等，贴上各种有色标签和歧视符号，与崇尚劳动的社会主流价值取向格格不入、背道而驰。这就需要为广大劳动者做好劳动保障，不因职业、学历、出身、地域等而差别对待，特别是对残疾职工、农民工、快递员等劳动者群体，应维护好他们的劳动权益，充分认可他们的劳动贡献，让他们平等地参与竞争、共谋发展、分享成果。唯有如此，才能让崇尚劳动成为全社会的价值共识，才能让劳动者在奋发图强、勤勉工作中书写自己的劳动答卷。

（三）热爱劳动的价值取向

热爱劳动是劳动者对劳动的积极心理态度，是创造众多社会奇迹的劳动者所共有的品质。习近平总书记强调："全社会都要热爱劳动，以辛勤劳动为荣，以好逸恶劳为耻。"这是因为，只有基于对劳动的热爱，劳动者才能最大限度地发挥聪明才干，提高劳动效率，进而体会到自我价值实现的满足与喜悦。反之，如果对劳动不能形成由内而外的热爱，那么劳动则会异化为

---

① 胡颖蔓，欧彦麟. 大学生劳动教育 [M]. 长沙：中南大学出版社，2020.

外在的束缚和枷锁，人在劳动中必然不是感到幸福，而是感到不幸。正如马克思所言："只要肉体的强制或其他强制一停止，人们就会像逃避瘟疫那样逃避劳动。"劳动由此成为令人厌恶和痛苦的事情了。可以说，人民群众只有坚持热爱劳动的价值观念，继承和发扬热爱劳动的传统美德，才会心甘情愿地接受劳动，实现由"要我劳动"到"我要劳动"的转变，而非滋生对劳动的盲从和被动；才会心悦诚服地认同劳动，在工作岗位上埋头苦干，而非内生对劳动的反感和排斥；才会心无旁骛埋头劳动，全面提升自身的劳动素养，而不是出现懈怠和逃避劳动的想法。当然，热爱劳动不是与生俱来的，而是后天培养和训练出来的，需要在教育上不断引导、在实践中不断养成。正如习近平总书记所强调的那样："要教育孩子们从小热爱劳动、热爱创造，通过劳动和创造播种希望、收获果实。"为此，培养热爱劳动的价值取向，就要把握劳动教育规律，遵循人的成长规律，注重教育实效，强化综合施策，从小抓好劳动教育。通过有效整合家庭、学校和社会等各方面力量，形成协同育人格局，让热爱劳动成为一种鲜明的价值标识，在孩子们心中构筑起自觉抵制轻视劳动、歧视劳动者的"铜墙铁壁"。

三、劳动精神的新时代特征

（一）"实干苦干巧干"的奋斗精神是新时代劳动精神的基础

奋斗是最为艰辛的劳动，撸起袖子加油干，奋斗就是实干，新时代的劳动精神讲求实干、苦干和巧干。社会主义和新时代都是干出来的，只有通过劳动才能开创未来，只有通过奋斗才能实现梦想。党领导中国人民经历了最为艰苦卓绝的劳动历程，最终赢得革命胜利，建立中华人民共和国，完成社会主义改造，确立社会主义基本制度，再到改革开放，每一项彪炳史册的历史成就，都是凭借不屈不挠、敢拼敢干的奋斗精神，与各种艰难困苦、风险挑战作坚决斗争才取得的。

奋斗精神强调实干。实干就是立足现实，诚实劳动，踏实肯干，是对劳动态度的描述。中华民族璀璨的文明和改革开放的巨大成就，都体现了深深根植于民族血脉中的实干精神。中华民族伟大复兴中国梦的实现不会一蹴而就，依然要靠这种实干精神，作为社会主义的劳动者、建设者，要在实干兴邦的语境中重新认识社会主义劳动。

奋斗精神强调苦干。苦干就是具有"艰苦不怕吃苦"的精神，通过辛勤劳动、艰苦奋斗来战胜环境的艰难，攻克发展的难题。今天，中国社会的发展环境与以前大不相同，人民生活水平得到巨大改善，但是解决发展不平衡不充分问题的任务异常艰巨，各种自然灾害和无法预估的社会风险必须面对，保护好人类赖以生存的生态环境，建设美丽中国、推进绿色发展，每一项发展任务都很艰难，习近平总书记号召广大人民在党的领导下"咬定目标"，埋头苦干，充分发挥主观能动性，发挥"干劲""闯劲""钻劲"，齐心协力，勇于战胜改革发展道路上的一切难题。

奋斗精神强调巧干。巧干是在实干的基础上，把握劳动规律，创新劳动方法和技巧，统筹协调各方资源和力量，形成劳动合力，达到事半功倍的效果，创造更加优质的劳动价值；巧干要顺势而为，借势而进，乘势而上，借时代发展之势，用发展的观点分析问题，把科学发展的理念落实到劳动实践中，把劳动目标落实到"干成事"上。

新时代中国特色社会主义事业进入改革开放新征程，只有在把握中国社会改革开放规律的前提下，顺应历史发展大势，抓住历史变革时机，实干苦干，科学巧干，才能在接续奋斗中创造当代中国新辉煌。

（二）创新创造精神是新时代劳动精神的灵魂

劳动是富于创新创造的，人类历史发展进程中的每一次飞跃都离不开人类的辛勤劳动和创新创造。创新创造是劳动精神的灵魂。创新创造精神是社会发展的不竭动力，也是一个现代劳动者应该具备的素质。创新创造精神本质是求新求变，是在遵循客观规律的前提下，对旧思想、旧事物提出质疑，勇于进行变革的精神。创新创造精神是科学精神的体现，是人们在认识世界和改造世界的过程中用理性精神追求真理的态度和规范，是大胆质疑、反复验证、探索创新、自由竞争等科学态度和精神气质的反映。创新创造精神源于中华民族千百年来勤劳智慧的劳动实践，并不断汲取人类社会的先进文明成果，既是对人类社会发展生存竞争压力的对抗，又是对中国社会发展振兴使命的担当，是新时代中国社会发展的智慧引擎。①

改革开放以来我国经济之所以能够取得突飞猛进的发展，正是因为我们通过对生产关系的调整充分激发了广大劳动人民的创造热情，而依靠这种创造性劳动产生的巨大社会财富又反过来回馈广大劳动人民，激发人民更大的创造力。小岗村开创的家庭联产承包责任制、返城知青开创的个体经营模式

---

① 朱忠义. 劳动教育与实践 [M]. 北京：北京理工大学出版社，2020.

等，无不彰显劳动人民开时代先河的首创精神。城市化进程中的进城务工人员、自强不息的下岗再创业者，无不体现了劳动人民敢拼、敢闯，敢于应时代之变而主动出击的精神。以袁隆平、屠呦呦为代表的脑力劳动者以科技创新改变人民生活同样彰显了伟大的创新创造精神。事实证明，改革开放在认识和实践上的每一次突破和深化，以及改革开放中每一个新生事物的产生和发展、每一个经验的取得和积累，都来自亿万劳动人民创新创造的潜力、激情和能力。在新时代的劳动实践中弘扬创新创造精神，就是要革新传统的、低效率的生产方式，探索、发现、使用新知识、新技能、新手段、新材料等，努力创造新的产品或新的生产方式，从而以更高的效率从事劳动，创造更优质的劳动成果，使国家实现更高质量的发展，不断满足人们对美好生活的追求和向往。新时代弘扬劳动创新创造精神，解决技术中的"卡脖子"问题，就是要引导劳动者进行"首创性"探索，由被动劳动转向创造性劳动，提升自主创新能力，把握发展的主动权，实现创新驱动中的高质量发展。

（三）奉献精神是新时代劳动精神的主题

新时代劳动精神凸显以劳动报效国家，当国家有需要时挺身而出、主动作为的奉献精神。奉献精神既彰显时代精神，又是伟大民族精神的具体体现，对于一个国家、一个民族的前途至关重要。社会主义社会消除了阶级对立和阶级剥削，每一个社会主义劳动者都是国家的主人，都应该充分发扬主人翁精神，倡导为国家和社会的利益，淡泊名利、忘我劳动、肯于牺牲、甘于奉献。在长期的革命、建设和改革实践中，为了国家独立与富强，为了工人阶级和最广大人民群众的利益，党领导中国人民创立形成的南泥湾精神、大庆精神、北大荒精神、抗震救灾精神、抗疫精神等一系列伟大精神，都包含爱国奉献的精神品质，涌现出雷锋、王进喜、焦裕禄、孔繁森、杨善洲、郭明义、袁隆平、钟南山等一大批无私奉献的光辉榜样。他们以劳动者的身份生动诠释了劳动的真谛。

每一个社会主义劳动者都应该以为国家、集体、社会和人民劳动为荣，做政治坚定的劳动者。一代人有一代人的奉献，每个时代都有为国奉献的杰出劳动者代表，新时代爱岗敬业是最生动的爱国奉献。守岛英雄王继才从国家大义和人民需要出发，坚守海岛32年，把爱国情怀转化为履职尽责的工作激情，把个人价值的实现融入国家前途和命运中，以平凡的劳动书写赤诚报国的价值追求，塑造了中国劳动者的实干精神和劳动品格，成为引领社会劳动风尚的强大精神力量。奉献精神还包含党的领导干部的公仆精神，这是关系党在人民群众中的形象，关系人心向背，关系党和国家生死存亡的重要精神特质。中国共产党的几代领导人都重视在劳动实践中历练党员干部，反复强调党的领导干部、国家公务人员必须树立公仆意识，践行党全心全意为人民服务的宗旨。

第三节　新时代劳动精神的践行

一、大力弘扬劳动精神

2016 年 4 月 26 日，习近平总书记主持召开了知识分子、劳动模范和青年代表座谈会，他强调，劳动模范是劳动群众的杰出代表，是最美的劳动者。劳动模范身上体现的"爱岗敬业、争创一流，艰苦奋斗、勇于创新，淡泊名利、甘于奉献"的劳模精神，是伟大时代精神的生动体现。劳动不仅创造了人类，而且创造了社会。劳动没有高低贵贱之分，任何一份职业都很光荣。作为新时代的有志青年，无论从事什么劳动，都要干一行、爱一行、钻一行；要向劳模学习，爱岗敬业、诚实劳动，勇于创新、甘于奉献。

（一）从小事做起，脚踏实地

劳动精神的践行首先应该从小事做起。对于职场的劳动者来说，劳动精神的践行更多体现在事无巨细的日常工作中。这些工作一般都是平凡得不能再平凡的"小事"。但是，就是因为有些劳动者把这些"小事"做成了"大事"，在平凡的岗位上作出了不平凡的成就，才成为工匠、劳动模范等优秀的劳动者。古人云："天下大事必作于细。"意思是说，凡事只有从小事做起、从眼前的事做起，坚持到底，才能把小事做"大"。坚持不懈地做好每一件小事，考量的是一个人的耐心和品质。不管是劳动还是生活，都是由一件件小事组成的。正所谓"一屋不扫何以扫天下"，一个人只有认真细致地对待小事，把每一件小事做好，才能成为做大事的人。

伴随社会的快速发展。人们掌握的知识和技能越来越多，这也导致不少的人不愿意做小事、做具体的事，总以为自己是做大事的人。有些职场的求职者自命清高、好高骛远，小事不愿意做、大事又做不了，以致牢骚满腹、虚度了时光。因此，空有抱负是远远不够的，成功需要从一点一滴的小事做起。从小事做起，就需要从细微处着手，把小事做到位，才能及时、有效地完成劳动任务。一件件小事很不起眼，但把很多小事串联起来，就会变成一件大事。如果我们在劳动的时候，不能把小事做到位，甚至忽视小事，不良后果可能就会在无法预料的情况下出现，小事做不到位的后果如同"千里之堤，溃于蚁穴"。因此，在劳动过程中，我们应该事无巨细，把小事做细，把小事做到位，这样才有可能出色地完成劳动任务。

（二）心中有梦想，仰望星空

劳动精神的践行还需要每个人心中有梦想。全国劳动模范贾拴成说："人只要心中有梦想，就会永远有动力、有激情；只要心中有梦，总会绽放光芒；只要有奋斗的远大目标，就会有使不完的力气，就会有更多的创新思维。"所以，心中有梦想会让一个人在劳动中有无穷的创造力。正如罗曼·罗兰所说，生命是一张弓，弓弦便是梦想。因为有了梦想，我们才能拥有奋斗的目标，并将这些目标凝结成希望的萌芽，在汗水与泪水的浇灌下，绽放成功之花。一个人若是没有梦想，心就没有了栖息的地方，就没有了归属感。人只要有了梦想，就有了奋斗的方向。

在浩瀚的人生长河中，我们每个人都如同一艘航船，而梦想就像我们想到达的港湾，让我们无时无刻不充满动力和希望去扬帆远航。如若我们丢掉了心中的港湾，就只能漫无目的地在浩瀚的大海中成为黯淡无奇的零星一点，随波逐流如白日梦游。时间如白驹过隙，等到青春不再、华发满头时，没有梦想的人会悲哀地发现，原来自己的一生不过是一次没有目的地的航行，永远无法到达心中的港湾。因此，一个人只有确立了前进的目标，才会最大可能地发掘自己的潜能，主宰自己的命运。特别是年轻人，一定要有一个梦想，哪怕这个梦想看起来遥远，也要朝着这个方向走下去，并一步步接近它，这样的人生才会充实，不管结果是好还是坏，最起码我们曾经心生希望并为之奋斗过。

2018年5月2日，习近平总书记在北京大学师生座谈会上的重要讲话中强调，广大青年既是追梦者，也是圆梦人。追梦需要激情和理想，圆梦需要奋斗和奉献。2021年4月19日，习近平总书记在清华大学考察时强调，当代中国青年是与新时代同向同行、共同前进的一代，生逢盛世，肩负重任。广大青年要爱国爱民，从党史学习中激发信仰、获得启发、汲取力量，不断坚定"四个自信"，不断增强做中国人的志气、骨气、底气，树立为祖国为人民永久奋斗、赤诚奉献的坚定理想……要实学实干、脚踏实地、埋头苦干，孜孜不倦、如饥似渴，在攀登知识高峰中追求卓越，在肩负时代重任时行胜于言，在真刀真枪的实干中成就一番事业。

（三）勤于思考，善于思考

每一位劳动者，不仅要从小事做起，亲身体验和参加各种劳动实践，还要心中有梦想，为劳动指明方向、提供动力，让平凡的劳动变得不平凡，更需要勤于思考，在劳动实践中产生创新思想和创新成果，充分体现劳动和劳动者的价值。劳动之所以能够创造一切，关键在于劳动者勤于思考、善于思考、积极思考、独立思考等。思考可以增长智慧，使各种知识和信息相互碰撞，将已有的知识进行转化，达到创新的目的。在苹果落地的一瞬间，正是生动的思考，使得牛顿发现了万有引力定律。正因为把思考作为人生的最大乐趣，才使得爱迪生一生有了近2000项发明创造，成为人类的骄傲。生活需要思考，学习需要思考，劳动更需要思考。对劳动的思考，可以培养人的劳动才能、塑造人的劳动品格、铸就人的劳动价值观。

一个人要想成功，必须勤于思考。每一位劳动者在劳动过程中，都应该不断地思考自己所做过的、正在做的和将要做的事情，不断地问自己哪些事情是需要弥补的，哪些事情是应该改正的，哪些事情是需要向别人请教的，等等。真正成功的劳动者不仅会思考，还会把思考与劳动实践结合起来，创造出一个又一个的劳动奇迹。思中有谋是成大事的根本。要想成就一番伟业，须先养成善于思考的习惯。百年哈佛有一句谚语：一天的思考，胜过一周的蛮干。凡事不去思考的人，总会混沌而麻木地随波逐流。"吾日三省吾身"告诉我们，要每天反省自己，反省就是思考的过程，思考是解决问题的钥匙，善于思考的人才会有创造力。我们只有勤于思考，才会发现问题，然后努力寻求解决问题的方法，使困境成为人生的转机。善于思考的人更具备主观能动性，这种主观能动性决定着人的精神状态和综合素质，决定着人的最后成就。改变我们命运的不是"上天"，而是我们的思考能力。我们在劳动实践中，不能只有一腔热血，而要让思考先行。但是需要指出的是，劳动前的思考要适度，想得太多、考虑得太细，就会使自己在劳动实践时犹豫不前，贻误最佳时机。具体思考到什么程度，并没有标准答案，这需要劳动者在劳动实践中摸索出一套属于自己的思考模式。诺贝尔奖获得者、英国物理学家约瑟夫·约翰·汤姆逊和欧内斯特·卢瑟福先后培养出17位诺贝尔奖获得者。他们每个人都清楚，是思考改变了他们的人生。人只有将大脑的巨大潜能充分激发出来，让大脑在不断思考中越变越敏锐，才能在劳动实践中走得更远。①

（四）热爱劳动，勇于实践

劳动精神的践行最终要体现在对劳动的热爱上。反过来讲，劳动者只有发自内心地热爱劳动，才会自觉践行劳动精神和传播劳动精神。学校进行劳动教育的目的就是让学生养成热爱劳动的习惯。热爱劳动不仅是一种生活态度，更是一种优秀品质。劳动是我们实现人生梦想的途径。只有真正热爱劳动的人，才会取得劳动的成就。实际上，学校通过劳动教育培养学生热爱劳动的习惯，就是为了将来他们走向社会的时候，由热爱劳动转变为热爱工作、热爱岗位、热爱事业、热爱社会、热爱国家等，从而在为企业、社会、国家作出贡献的同时，展现自己的人生价值。

每一位劳动者只有从事劳动，热爱工作，才能更好地展现自己的才华，在劳动实践中收获快乐，并在某一个劳动领域作出自己的成绩。每个劳动者在劳动中都可能受到挫折，甚至产生各种不良情绪。但是，一个人只要真心热爱劳动，就会发现这些挫折只是踏上成功的阶梯。相对于通过劳动实现的人生价值，一个人在劳动中获得的报酬就会显得不那么重要了。如果没有了劳动，我们就失去通往理想的道路，人生价值也就很难实现。其实，劳动并不仅仅是为了获取物质回报，我们可以从劳动中认识朋友、认识社会、认识自己。任何一个成功的人在取得成功之后，都不会轻易放弃劳动，即使他们退休了，也会参加一些力所能及的劳动。因为在他们眼里，劳动已不再是单纯的劳动，而是与生命融为一体了。

衡量一个人的成就，不是看他有多少财富，而是看他所创造的劳动价值。劳动是实现人生价值的通道和平台。我们每个人都应该真正地热爱劳动，在劳动实践中实现自身的价值，让自己的才华得以施展，为社会作出自己的贡献。实际上，一个人只有辛勤劳动，才能证明自己的价值，劳动本身也成为人们实现人生目标的重要方式。热爱劳动，也是热爱生命。任何人都必须通过劳动来生存，劳动是每个人的责任和义务。但是，如果我们仅把劳动当作一种谋生的手段，就很难去重视它、热爱它。而当我们把劳动视为增长自身阅历的途径时，就不会再轻视它。人的生命价值在于他的劳动贡献，从本质上来说，劳动是人的一种需要，能体现人自身的价值，使人得到快乐。

---

① 朱忠义.劳动教育与实践［M］.北京：北京理工大学出版社，2020.

（五）学习劳模先进事迹

要在全社会大力宣传劳动模范的先进事迹，号召全社会向他们学习、向他们致敬。榜样的力量是无穷的，要在全社会贯彻尊重劳动、尊重知识、尊重人才、尊重创造的方针，以劳动模范为榜样，把劳模精神、劳动精神、工匠精神作为勇往直前的精神力量，树立辛勤劳动、诚实劳动、创造性劳动的理念，营造劳动光荣的社会风尚和精益求精的敬业风气，使得"劳动最光荣、劳动最崇高、劳动最伟大、劳动最美丽"蔚然成风，让全体人民进一步焕发劳动热情、释放创造潜能，不断谱写新时代的劳动者之歌。

（六）建设高素质劳动大军

习近平总书记指出，立足新发展阶段，贯彻新发展理念，构建新发展格局，推动高质量发展，在危机中育先机、于变局中开新局，必须紧紧依靠工人阶级和广大劳动群众，开启新征程，扬帆再出发。新时代建设高素质劳动大军，需要深入实施职工素质建设工程，构建产业工人技能形成体系，推动产业工人队伍建设改革向纵深发展，努力建设一支高素质的劳动大军。鼓励和支持劳动模范搞好"传、帮、带"，向职工传授技术、业务知识，帮助他们掌握技能技艺，在提高职工技能水平、加强职工队伍建设上发挥积极作用。支持劳动模范推广先进技术和创新经验，带领相关技术小组开展技术攻关活动，为建设创新型企业贡献智慧和力量。同时要让劳动模范走出单位，鼓励他们积极参加社会公益活动，发挥各自专长，把企业的优良传统和先进的企业文化带向社会。

（七）在全社会营造崇尚劳动的良好氛围

大力弘扬劳动精神，要推动全社会形成尊重劳动、劳动光荣的良好风尚，要为劳动模范更好地施展才华、展现精神品格提供全方位支持，使他们的劳动技能、创新方法、管理经验广泛传播，充分发挥示范带动作用。新形势下，我国工人阶级和广大劳动群众要继续学先进赶先进，自觉践行社会主义核心价值观，用劳动模范和先进工作者的崇高精神、高尚品格鞭策自己，激发劳动热情，厚植工匠文化，恪守职业道德，将辛勤劳动、诚实劳动、创造性劳动作为自觉行为。各级党委和政府要尊重劳模、关爱劳模，贯彻尊重劳动、尊重知识、尊重人才、尊重创造的方针，完善劳模政策，提高劳模地位，落实劳模待遇，推动更多的劳动模范和先进工作者竞相涌现。全社会要崇尚劳动、见贤思齐，加大对劳动模范和先进工作者的宣传力度。讲好劳模故事，讲好劳动故事，讲好工匠故事。要开展以劳动创造幸福为主题的宣传教育，把劳动教育纳入人才培养全过程，贯通大中小学各学段和家庭、学校、社会各方面，教育、引导青年学生树立以辛勤劳动为荣、以好逸恶劳为耻的劳动观。培养一代又一代热爱劳动、勤于劳动、善于劳动的高素质劳动者。[①]

二、践行劳动精神

社会主义是干出来的，新时代是奋斗出来的。劳动是一切成功的必经之路。实现中华民族伟大复兴，归根结底要靠践行劳动精神，要靠辛勤劳动、诚实劳动、科学劳动。

（一）涵养劳动情怀

劳动是人类的本质活动，劳动光荣、创造伟大是对人类文明进步规律的重要诠释。人世间的一切成就、一切幸福都源于劳动和创造，劳动推动了人类社会的发展，劳动延续了中华民族的文明传承。人类社会只有在劳动中才能持续推进、创造奇迹，文明也只有在劳动中才能薪火相传、开创未来。

进入新时代，我国社会的主要矛盾已经转化为人民日益增长的美好生活需要和不平衡不充分的发展之间的矛盾。人世间的美好梦想，只有通过诚实劳动才能实现。只有依靠劳动，用汗水浇灌，才会开出生活的幸福之花；只有依靠劳动，用双手创造，对美好生活的憧憬才能成为现实；只有依靠劳动，脚踏实地，才能不仅实现眼前的幸福，还会有"诗和远方"，才能真正在实现自己人生价值的同时用自己的双手开创中华民族的美好未来。

三百六十行，行行出状元。从"铁人精神"到"振超效率"，从"扎实肯干"到"勇于创新"，劳模是国家的栋梁、社会的楷模、行业的标杆。当代大学生应该不驰于空想、不骛于虚声，以满腔的热情、强烈的主人翁责任感，向劳模学习，在各自的工作岗位上辛勤劳动、勇于创新，实现自己的人生价值。

---

① 徐国庆. 劳动教育［M］. 2 版，北京：高等教育出版社，2021.

（二）培育精益求精的劳动品质

在灿烂悠久的中华文化中，广大劳动者认真、严肃地对待自己的工作，用精湛的技艺展现自己的智慧，表现了精益求精的劳动品质。同时向世界展现了中华民族的勤劳和智慧。

1. 对工作多一份尊重

工作是立身之本。在生活中，无论是外卖小哥、环卫工人，还是公司白领、医护人员……都在为梦想而奋斗，每个职业都是社会不可或缺的，这是社会的需要。我们不应该根据行业的性质和工资的高低去判定职业的好坏，每个职业都值得被尊重，每个努力奋斗的人都值得被尊敬地对待。只有真正领悟"职业没有高低贵贱、每份工作都值得尊敬和善待"，才能有效培育精益求精的劳动品质。

2. 对工作多一些创新

无论是古代的"四大发明"，还是新中国"两弹一星"的研制成功，都是在精进技术的基础上不断创新。从"蛟龙"潜海到航母下水，从"嫦娥"飞天到"玉兔"登月，从移动支付到5G落地，从"中国制造"到"中国创造"，从"贴牌"到"品牌"，从"跟跑"到部分领域"领跑"，中国产品质量的提高、中国品牌效应的提升，都离不开劳动者的创新精神

三、展现新时代劳动者的精神风貌

1949年中华人民共和国成立后，涌现出一大批杰出的劳动者代表，作为民族的精英、国家的栋梁、行业的楷模、人民的榜样，他们用自己的"爱国心、强国志、报国行"，在各自的岗位上续写着爱岗敬业，艰苦奋斗，勇于创新、敢于奉献的中国故事，为国家富强、民族振兴、人民幸福贡献自己的力量。作为中国特色社会主义新时代的青年大学生，我们应当以实现民族复兴为己任，努力把自己培养成中国特色社会主义事业的合格建设者和可靠接班人。

（一）艰苦奋斗、务实重干

目前，社会上出现了对于劳动精神的错误言论。有人认为劳动精神只存在于特殊的时期、特殊的地区。有人认为当劳模就意味着吃亏，将劳模与劳动者对立起来。这些言论充斥在网络或者日常生活中，影响了年轻人的认知

和理解。

当代大学生要提高自己的认识水平，要学习和践行劳动精神，展现新时代劳动者的精神风貌。我们学习劳模精神，不仅要学习他们的吃苦耐劳，而且要学习他们的工作方法和工作品质。要"忍得住孤独、耐得住寂寞、挺得住痛苦、顶得住压力、挡得住诱惑、经得起折腾、受得起打击、丢得起面子、担得起责任、提得起精神"。无论将来从事何种职业，都不要浮躁，不要计较一时的得失。

（二）提高技能、报效社会

习近平总书记强调，我国经济要靠实体经济作支撑，这就需要大量的专业技术人才。新时代的"技"，即技能，是指掌握和运用专门技术的能力。技能作为劳动能力，它的提升、完善离不开不懈奋斗和刻苦钻研，离不开在工作中爱岗敬业、苦心钻研、精益求精、执着坚韧、追求完美。所以，当代大学生既要有做事的责任心，又要有成事的真本领。全国劳动模范中出现了越来越多的年轻身影，这是青年一代在优渥的生活中理解了"劳动是一切幸福的源泉"，在见贤思齐的学习中实现了对工匠精神的传承。

2019 年 7 月，中央全面深化改革委员会审议通过了《国家产教融合建设试点实施方案》，指出深化产教融合是助推教育优先发展的重要途径，其目标直指高校与行业、企业、政府等多方面的深度合作。新时代的青年大学生应当充分利用产教融合的大好时机，勤奋做事、勤勉做人，掌握职业技能，让自己成长为优秀的"准劳动者"，在走出校园后建功新时代。[1]

今天的青年应该不断丰富自身知识储备，在学习劳模精神、传承劳动精神的同时，培育执着专注、精益求精、一丝不苟、追求卓越的精神品质，让青春的年华在党和人民最需要的地方绽放最美的花朵，让技能报国成为新时代的最强音。

---

① 徐国庆. 劳动教育［M］. 2 版，北京：高等教育出版社，2021.

第六章
大学生工匠精神的培育

第一节　工匠精神概述

一、工匠精神的概念与内涵

（一）工匠与工匠精神

工匠及工匠精神是一个古老和不断发展的概念。究其历史渊源，早在《周礼·考工记》中就有相关描述："知者创物，巧者述之守之"；《韩非子·定法》中也有"夫匠者，手巧也"的记载，我国历史上也出现过许多技艺高超的工匠，如木匠鲁班、玉匠陆子岗等。①

"工匠"，狭义上是指执着于一种职业并掌握其基本技能的手工劳动者；广义上的"工匠"则已不局限于手工艺劳动者和制造业领域，而是广泛存在于各行各业具有精湛技艺、诚信敬业、追求极致的劳动者群体中。

工匠精神是指工匠不仅要具有高超的技艺和精湛的技能，而且还要有严谨、细致、专注、负责的工作态度和精雕细琢、精益求精的工作理念，以及对职业的认同感、荣誉感和使命感，它是工匠对自己的产品精雕细琢、精益求精、止于至善的精神理念。

工匠精神的目标是打造本行业最优质的、其他同行无法匹敌的卓越产品。从本质上讲，工匠精神是一种职业精神，它是职业道德、职业能力、职业品质的体现，是从业者的一种职业价值取向和行为表现，即追求卓越的创造精神、精益求精的品质精神、用户至上的服务精神。

---

① 付守永．工匠精神：向价值型员工进化［M］．2版．北京：中华工商联合出版社，2015．

（二）工匠精神的内涵

工匠精神是一种职业精神，是职业道德、职业能力和职业品质的体现，是从业者的一种职业价值取向和行为表现，敬业、精益、专注、创新是工匠精神的基本内涵，同时，社会的发展也赋予工匠精神以特定的时代内涵。深刻把握工匠精神的内涵，有助于我们增强对工匠精神的理性认识。

1. "敬业、精益、专注、创新"是工匠精神的底色

工匠精神是一种心无旁骛、志如磐石、锲而不舍的技术追求，是一种敢于创新、精益求精、追求卓越的精神品格，敬业、精益、专注、创新是工匠精神的底色。

敬业是从业者基于对职业的敬畏和热爱而产生的一种全身心投入的认认真真、尽职尽责的职业精神状态。工匠精神首先就是劳动人民的敬业精神。敬业是中国人的传统美德，也是当今社会主义核心价值观的基本要求之一。中华民族历来有"敬业乐群""忠于职守"的传统，春秋时期，孔子就主张"执事敬""事思敬""修己以敬"。"执事敬"是指行事要严肃认真不怠慢；"事思敬"是指临事要专心致志不懈怠；"修己以敬"是指加强自身修养，保持恭敬谦逊的态度。

精益就是精益求精，是从业者对每件产品、每道工序都凝神聚力、精益求精、追求极致的职业品质。老子说："天下大事，必作于细。"《诗经》云："如切如磋，如琢如磨。"宋代朱熹在《论语集注》中说："言治骨角者，既切之而复磋之；治玉石者，既琢之而复磨之；治之已精，而益求其精也。"这就是"精益求精"成语的出处。精益求精是一种对待工作的认真态度，是一种"即使做一颗螺丝钉也要做到最好"的自我对工作的要求。任何个人、任何企业要想取得突出成就、成就常青的事业，没有精益求精的态度都是不可能的。[①]

专注就是内心笃定而着眼于细节的耐心、执着、坚持的精神，这是一切"大国工匠"必须具备的精神特质。"术业有专攻"，一旦选定行业，就一门心思扎根下去，心无旁骛，在一个细分产品上不断积累优势，在各自领域成为"领头羊"。在中国早就有"艺痴者技必良"的说法，如《庄子》中记载的游刃有余的"庖丁解牛"、《核舟记》中记载的奇巧人王叔远等。

创新就是追求突破、追求革新。工匠精神不仅体现了对产品精心打造、

---

① 黄震. 工匠精神 [M]. 北京：北京工业大学出版社，2017.

精工制作的理念和追求，而且要不断吸收最前沿的技术，创造出新成果。古往今来，热衷于创新和发明的工匠们一直是世界科技进步的重要推动力量。《尚书》有云："人心惟危，道心惟微；惟精惟一，允执厥中。"在技术竞争、人才竞争白热化的当下，要想谋求更辉煌的成果，没有创新精神，不敢追求革新，只会让自己流于庸俗，止于肤浅和粗糙。工匠精神的核心是追求科技创新、技术进步。如果说企业是国家的经济命脉所在，那么一个以科技创新、技术进步为主体的企业，就是民族振兴的动力源泉，是国家财富增加的源泉所在。

2. 新时代工匠精神的基本内涵

新时代工匠精神的基本内涵，主要包括爱岗敬业的职业精神、精益求精的品质精神、协作共进的团队精神、追求卓越的创新精神四个方面，其中，爱岗敬业的职业精神是根本，精益求精的品质精神是核心，协作共进的团队精神是要义，追求卓越的创新精神是灵魂。

（1）爱岗敬业的职业精神。爱岗是敬业的基础，敬业是爱岗的升华。所谓"爱岗"，就是要干一行爱一行，热爱本职工作，不能见异思迁，这山望着那山高。

（2）精益求精的品质精神。这是新时代工匠精神的核心。对于工匠来说，产品的品质只有更好、没有最好。

（3）协作共进的团队精神。所谓"协作"，就是团队成员的分工合作；所谓"共进"，就是团队成员的共同努力、共同进步。和传统工匠不同，新时代工匠尤其是产业工人的生产方式已不再是手工作坊，而是大机器生产，个人所承担的工作只是众多工序中的一小部分。比如"复兴号"列车，一列车厢就有三万七千多道工序，这三万七千多道工序，一个人是不可能完成的，必须由车间或班组亦即团队协作来完成。团队需要的是协作共进，而不是各自为政。因此，协作共进的团队精神是现代工匠精神的要义。

（4）追求卓越的创新精神，是新时代工匠精神的灵魂。传统工匠精神强调的是继承，祖传父、父传子、子传孙，是传统工匠传承的主要方式，而新时代工匠精神强调的则是在继承基础上的创新。①

---

① 黄震. 工匠精神［M］. 北京：北京工业大学出版社，2017.

二、工匠精神的发展历史

(一) 工匠精神的起源

原始社会末期，人类出现了第二次社会大分工，手工业从农业分离出来，出现了专门从事手工业生产的工匠，可称为匠人，在现代被称为大师、技术人员。在中国，"工匠"一词最早出现在春秋战国时期，是在社会分工中开始独立存在专门从事手工业的群体后才出现的，此时工匠主要代指从事木作的匠人群体。随着历史的发展，东汉时期"工匠"的含义已经基本覆盖全体手工业者。①

中国古代工匠精神包含以下内容：

(1) 恪尽职守的敬业精神。中国传统十分强调"敬"这一观念。对于古代工匠群体而言，他们十分尊重自己从事的职业劳动，因此形成了内涵十分丰富的"敬业"观念。

(2) 精益求精的职业态度。庖丁解牛、运斤成风、百炼成钢……这些耳熟能详的成语，不仅是对中国古代工匠出神入化的技艺的真实写照，也是对他们精益求精、追求卓越职业态度的由衷赞美。

(3) 与时俱进的创新追求。美丽的丝绸、精美的陶瓷，以及数不清的发明创造，无不体现着古代中国工匠无比的智慧和对完美的不懈追求。

(二) 工匠精神的发展

"工匠精神"一词，最早出自著名企业家聂圣哲，他培养出来的一流木工匠士，正是来自这种精神。

工匠精神是工业经济时代的一种产物，它是一种精致化生产的要求，它对农业生产同样适用。从农业生产来讲，其工匠精神的表现，实际上就是从源头保证食品安全，使食品具有良好的品质和产量。中国老百姓数千年日常生活中，须臾不可离的有木匠、铁匠、石匠、篾匠等，各类手工匠人用他们精湛的技艺为传统生活图景定下底色。随着农耕时代结束，社会进入后工业时代，一些与现代生活不相适应的老手艺、老工匠逐渐淡出日常生活，但传统手工业的迅速发展，为我国工匠精神的形成提供了必要的物质基础。②

---

① 吴顺.工匠精神：传承与创新 [M].北京：中共党史出版社，2018.
② 吴顺.工匠精神：传承与创新 [M].北京：中共党史出版社，2018.

在悠久的历史发展长河中，中国的制造技术和工艺制作以及建筑艺术等方面都非常发达，并且始终处于世界领先地位。以鲁班、蔡伦、黄道婆、许振超、陈春等为代表的一代代能工巧匠，以他们精湛的技艺、敬业爱业的操守、精益求精的品格展现出灿烂的工匠文化、师徒传承和匠心精神。从古代到现代，中国工匠精神的演变经历了四个阶段，即以注重简约朴素、切磋琢磨为特征的孕育阶段；以崇尚以德为先、德艺兼修为特征的产生阶段；以主张心传体知、师徒相承为特征的发展阶段；以提倡开放包容、勇于创新为特征的传承阶段。这四个阶段相互衔接、层层递进，展现了我国工匠精神产生与发展的脉络。在努力实现中华民族伟大复兴的今天，应充分挖掘和发挥工匠精神的当代价值，进而使这一精神代代相传。

三、工匠精神的时代特征

工匠精神的时代特征，既包括作为手工业劳动者的工匠这个职业本身所应该具备的价值取向和追求的传统特征，也包含非手工业劳动者所应该追求的一种实践精神的现代特征。

（一）工匠精神的传统特征

曾经，工匠是百姓日常生活须臾不可离的职业，木匠、铜匠、铁匠、石匠等，各类手工匠人用他们精湛的技艺为传统的生活图景定下底色。随着农耕时代结束，社会进入后工业时代，一些与现代生活不相适应的老手艺、老工匠逐渐淡出人们的视线，但工匠精神永不过时。[1] 中国古代工匠精神的价值追求是善美境界，工匠精神主要体现在以下几方面。

一是"强力而行"的敬业奉献精神。不管是官匠还是民匠，总体而言，都具有吃苦耐劳、兢兢业业的美德，其中以墨家最为典型，墨子特别注意职业道德行为的锻炼，主张"士虽有学，而行为本焉"，要求学生"强力而行"，加强意志锻炼，指出意志不仅是重要的道德品质，而且对知识才能有直接影响。他认为，"志不强者智不达"，而意志要经过长期磨炼才能坚强，否则便会减退，"雄而不修者，其后必惰"。

二是"切磋琢磨"的精益求精精神。不耻求师同学、勤奋学习技艺，既是一切工匠谋生的必备条件，也是工匠精神的基本要求。《诗经·卫风·淇

---

① 吴顺. 工匠精神：传承与创新 [M]. 北京：中共党史出版社，2018.

奥》中"如切如磋，如琢如磨"的佳句，也形象地展示了工匠在对骨器、象牙、玉石进行切料、糙锉、细刻、磨光时所表现出的认真制作、一丝不苟的精神。

三是"兴利除害"的爱国为民精神。这是古代工匠走出个人和家庭利益的小圈子，将目光投射于国家和人民利益而达到的道德境界升华。中国第一个工匠团体墨家在这方面表现突出。墨子以培养"必兴天下之利，除天下之害"的"兼士"为教育目标，其目的是把"农与工肆之人"培养成掌握实用技术的"兼士"。"兴利除害"便成了道德行为和道德评价的根本尺度。《墨子·尚贤上》记载"兼士"必须符合三条标准，即"厚乎德行""辩乎言谈""博乎道术"，要做到"有力者疾以助人，有财者勉以分人，有道者劝以教人"，"利人乎即为，不利人乎即止"是评价职业行为是否道德的最高标准。这种道德价值观得到后世工匠的认同。

四是尊师重教的求学态度。古代的工匠们由于特殊的工作和学习方式，养成了他们"尊师"的美德，从"一日为师终身为父"的俗语中可以感受到师道尊严。

五是超越、创新的改造精神。工匠们有着严格的技术标准、审美标准，由于一定时期内工作的不可流动性，使得工匠们在世代相传的技艺中不断超越、创新，将传家立身之本领进一步发扬光大。

六是归于自然的哲学取向。工匠们的对象、灵感均来自自然，如鲁班发明锯子便是最好的例子，同时参照中国哲学追求人与自然的统一要求，工匠们在创作和行动中也实践着归于自然的做法。

（二）工匠精神的现代特征

除了延续工匠精神的传统特征，随着时代的发展，工匠精神的现代内涵涉及的已不仅是手工业者所应具备的价值取向，而且是每一个人对待工作所应具备的行为追求。主要包括以下几点：

一是在精神追求上，或安静，或奔放，或高雅，不为世俗所累，享受自得其乐的愉悦与满足。

二是甘于每一个平凡的岗位，自己内心中坚持"将平凡的事做好就是不平凡"的信念。

三是忠于自己的内心，将内心的想法付诸实践，而这是与将工作视为谋生手段有着显著区别的价值理念，真正做到了职业教育中的敬业、乐业。由此可以看出，工匠精神属于职业精神的范畴，是从业人员的一种职业价值取向和行为表现，与其人生观、价值观紧密相连，是从业过程中对职业的态度和精神理念。

时至今日，工匠精神的价值追求一直在延续，具体而言，它是从业人员尤其是工匠们对产品精雕细琢、精益求精的理念，是不断雕琢产品、改善工艺、享受产品升华的过程，其核心是对品质的要求，其目标是打造本行业的精品。所谓"工匠精神"，其核心不仅仅是把工作当作赚钱的工具，而且是树立一种对工作执着、对所做事情和生产的产品精益求精、精雕细琢的精神。对有工匠精神的工匠来说，他们不是把工作看作一件差事，而是视工作为一项使命。①

四、大国工匠精神的主要表现

新时代的中国工匠精神，既是对中国传统工匠精神的继承和发扬，又是对外国工匠精神的学习借鉴；既是为适应我国社会主义现代化强国建设需要而产生，又是劳动精神在新时代的一种新的实现形式。它与劳动精神、劳模精神构成一个完整的体系，成为激励广大劳动者实现中华民族伟大复兴的强大精神力量。工匠精神主要表现在以下几个方面：

（一）品质追求：精益求精、追求完美

2016 年度的政府工作报告明确表示要"培育精益求精的工匠精神"，"精益求精"成为工匠精神的代名词。在实践和现象层面，2018 年"大国工匠年度人物"给出了更为具体的示范。例如，乔素凯在 26 年的工作生涯中保持核燃料操作"零失误"；从事新型数控加工的陈行行将产品合格率从 50% 提升到 100%，通过对品质的极致追求挑战技艺极限。在品质上精益求精、追求完美的工匠精神，体现为生产过程中的追求细节完美、对消费者品质需求的满足，以及对产品品质的不断优化和性能的不断改进。简言之，"品质追求"作为个体的工匠对所在行业及工作领域内产品和服务质量的极致追求，体现了工匠及工匠精神的终极目标。

（二）履职信念：业精于勤、尽职尽责

履职表示主动勤勉地履行岗位职责，强调要"有所为"；信念具有个性

---

① 吴顺. 工匠精神：传承与创新 [M]. 北京：中共党史出版社，2018.

化的特征和强烈的主观情感，可以视为规范的内化和行为的动力。履职信念，即个体对待工作的态度以及愿意为之付出努力的意愿。组织层面的工匠精神还包括高度负责的职业态度。

"业精于勤"是工匠精神的基本写照，"尽职尽责"是每一位工匠对自我最基本的要求，比如，德胜洋楼的创始人聂圣哲在创业初期就确定和贯彻了"不走捷径"的基本价值观，培养员工"我要干"的乐干精神。以新生代技术工人为代表的工匠，其工匠精神的核心是对工作的专注，表现在履行职责、无私奉献、踏实工作等方面。

（三）职业承诺：自我认可、实现价值

"职业承诺"即个体对职业身份高度认同，对职业充满热爱，长期坚守在职业领域，并在职业领域内追求职业成功并以此实现人生价值等。

对自我身份的认可是工匠精神形成的首要条件，要对自身从事的行业充满热爱和敬畏；工匠精神的本质是现代企业人的信仰及对信仰的坚守，是把平凡的事情都做到最好的信念。具有工匠精神的人对所从事的职业充满热爱，几十年如一日地扎根于该领域，并在自己的职业生涯中追求和实现人生的价值。

（四）能力素养：知行合一、专注专业

专业能力是工匠精神行为表现的维度之一。个体的能力素养是工匠精神形成和发展的基础，是工匠精神所应包含的重要内容之一，工匠精神的能力素养可以理解为个体完成工作需要具备的能力和素养，强调"知"与"行"的统一。

（五）持续创新：终身学习，永不满足

创新是工匠精神在行为层面的表现，工匠精神的时代内涵需要更重视创造创新。持续创新强调的就是个体通过学习、省察、创新等活动培养创新意识、提高创新能力的动态的自我提升过程。

华为的创新带领企业从跟跑者成为领跑者。我国的大国工匠也是在持续学习和创新的道路上创造了许多令人意想不到的奇迹。创新已经成为21世纪企业和个人的必备素质，成为工匠精神的核心内容之一。

（六）传承关怀：关注传统，关怀后人

传承关怀强调的是具有工匠精神的人对技能技艺、优良传统、从业理念延

续的关注，还包括在传递过程中代际辅助的意愿和行为等。在更高层次体现的是对所在行业、所从事职业或所在组织未来发展前景的高度关注，以及为此付出的努力。传承关怀体现了工匠在工匠精神传承中的积极作用，属于社会责任的范畴。这种社会责任体现在两个方面：一是在时间维度上对工匠精神能够延续下去所具有的责任及作为；二是在空间维度上对所在组织、所在行业和所从事职业的关怀，即让工匠精神在时间上得到延续，在空间上产生积极影响。①

具有工匠精神的个体会主动担任"师傅"的角色，自主履行"传承人的义务"。传承精神是技能人才的工匠特征之一，"尊师重道"也是对传承的另一种阐释。例如，东来顺涮羊肉制作技艺的第四代传承人、切肉大师陈立新被视为东来顺传统技艺的灵魂和核心，他很早就意识到技艺传承的重要性，主动承担起传承技艺和培养接班人的重担，并定期为合适的"继承人"举办"投刀收徒"仪式，展示了非遗传承人对传统技艺和文化的传承关怀。

第二节　工匠精神的当代价值

工匠精神是工匠们对自己的产品精益求精、精雕细琢，追求极致、追求完美，努力把品质从 99% 提升到 99.99% 的精神；工匠精神也是工匠们以质取胜的价值取向，以及对自己所热爱的事业无比执着的职业追求；工匠精神还是工匠们执着于产品和品牌，锲而不舍、心无旁骛、专心致志的品质。提倡工匠精神，对于当前大众创业、万众创新，加快推进转型升级、提质增效，具有重大的现实意义。

一、践行工匠精神是大国制造的必由之路

（一）工匠精神是形成劳动新风尚的内在要求

提倡工匠精神，贯彻发展新理念，有利于将创新、协调、绿色、开放、共享的发展新理念落实落细，同时也将进一步激发广大劳动者的劳动热情，通过诚实劳动来实现人生的梦想，展示自己的人生价值，推动形成良好的社会风尚。有些产品我们做不出来，恰恰是因为缺乏用心钻研、勇攀高峰的工匠；有些产品我们做出来却没有竞争力，也正是因为缺乏把工作当作责

---

① 吴顺. 工匠精神：传承与创新 [M]. 北京：中共党史出版社，2018.

任和使命的工匠。用"心"才会创新，有使命感才会赢得市场的信任。这就是提倡工匠精神的意义所在。

（二）工匠精神是社会主义核心价值观的具体实践

社会主义核心价值观个人层面的"敬业"和"诚信"，与工匠精神蕴含的职业理念和价值取向高度一致。同时，工匠精神也是对劳模精神、劳动精神的重要深化和提升，弘扬工匠精神是我们党有关劳动和劳动者理念的重要发展，体现了马克思主义尊重简单劳动、重视复杂劳动的价值导向。提倡"工匠精神"，重点在"精神"二字。任何科学技术的发展都不能取代劳动者的双手，从制造业大国迈向制造业强国的过程中，需要一大批具备工匠精神的劳动者挥洒热血，他们才是真正的筑梦人。

（三）工匠精神是从制造大国向制造强国转变的重要助力

中国已成为世界第一制造业大国，但我们也应清醒地认识到，在一国产业发展需要经历的农业输出、低端制造、中高端制造、创新科技中心的四个阶段中，我们仍停留在第二个阶段。我们亟须实现的由制造业大国向制造业强国的跃升，离不开大国工匠精神的坚实支撑。如果把提高科技创新水平、强化工业基础能力、提升信息化与工业化融合水平等视为我国制造业转型升级的"硬件"，那么，一大批产业劳动者身上的大国工匠精神则是必不可少的"软件"，缺少软件支撑的硬件，犹如断弦之弓，发挥不出任何价值。工匠精神是提高大学生就业创业能力、引导广大劳动者立足本职岗位、切实提升技术技能素质、不断发展工人阶级先进性的有力抓手，也是实现劳动创新、推进供给侧结构性改革、实现从制造大国向制造强国转变的重要助力。①

二、弘扬工匠精神是时代发展的必然需求

新时代的工匠精神主要包括爱岗敬业的职业精神、精益求精的品质精神、协作共进的团队精神、追求卓越的创新精神四个方面的内容。其中，爱岗敬业的职业精神是根本，精益求精的品质精神是核心，协作共进的团队精神是要义，追求卓越的创新精神是灵魂。

---

① 黄震. 工匠精神［M］. 北京：北京工业大学出版社，2017.

（一）爱岗敬业的职业精神

爱岗敬业，是爱岗和敬业的合称，二者互为表里，相辅相成。爱岗是敬业的基础，而敬业是爱岗的升华。具体来说，所谓"爱岗"，就是要干一行爱一行，热爱本职工作，不能这山望着那山高；所谓"敬业"，就是要钻一行精一行，对待自己的工作要勤勤恳恳、兢兢业业、一丝不苟、认真负责。凡是获得"工匠"和"劳模"荣誉称号的工人，都是爱岗敬业的典范，他们中的很多人都在本职岗位上工作了二三十年之久，干出了一番事业，所以，工匠精神最根本的内涵，就是爱岗敬业的职业精神。

（二）精益求精的品质精神

精益求精，是指一件产品或一种工作，本来做得很好了，很不错了，但还不满足，还要做得更好，达到极致。精益求精的品质精神是工匠精神的核心。一个人之所以能够成为工匠，就在于他对自己产品品质的追求，只有进行时，没有完成时，永远在路上；在于他不惜花费大量的时间和精力，反复改进产品，努力把产品的品质从 99% 提升到 99.9%，再提升到 99.99%。对于工匠来说，产品的品质只有更好，没有最好。追求极致、精益求精，是获得各类"工匠"荣誉称号的工人的共同特点，这也是他们能身怀绝技，在全省、全国甚至在国际上的各种技能大赛中摘金夺银的重要原因。①

（三）协作共进的团队精神

如果说爱岗敬业的职业精神以及精益求精的品质精神是传统的"工匠精神"的内涵，那么，协作共进的团队精神则主要体现于新时代的"工匠精神"之中。所谓"协作"，就是团队成员的分工合作；所谓"共进"，就是团队成员的共同努力、共同进步。和传统工匠不同，新时代工匠尤其是产业工人的生产方式已不再是手工作坊，而是大机器生产，他所承担的工作，只是众多工序中的一小部分。团队需要的是协作共进，而不是各自为战。因此，协作共进的团队精神是现代"工匠精神"的要义。

（四）追求卓越的创新精神

追求卓越的创新精神与协作共进的团队精神一样，也是新时代"工匠精

---

① 黄震. 工匠精神 ［M］. 北京：北京工业大学出版社，2017.

神"的内涵之一，可以说是新时代"工匠精神"的灵魂。传统的"工匠精神"强调的是继承，祖传父、父传子、子传孙，是传统工匠传承的一种主要方式，而新时代的"工匠精神"强调的则是在继承基础上的创新，因为只有在继承基础上的创新，才能跟上时代前进的步伐，推动产品的升级换代，以满足社会发展和人们日益增长的对美好生活的需要。有无追求卓越的创新精神，是判断一个工人能否被称为"新时代工匠"的一个重要标准。

当前，我国正处在从工业大国向工业强国迈进的关键时期，培育和弘扬严谨认真、精益求精、追求完美的工匠精神，对于建设制造强国具有重要意义。而只有对新时代"工匠精神"的基本内涵形成共识，才能树匠心、育匠人，为推进中国制造的"品质革命"提供源源不断的动力。

三、培育工匠精神是产业创新发展的本质需求

（一）工匠精神是产业创新升级发展的关键

产业持续性的创新与升级是经济高质量发展模式的核心，这需要从过去的劳动密集型转向技术密集型，从依赖资源禀赋的比较优势走向依靠技术创新的竞争优势。一般而言，产业创新升级是一个链条行动，它由产品创新和工艺创新两个部分组成。如果说产品创新偏重于创造和设计新的成果，那么工艺创新则侧重于通过生产过程将创新的想法和理念实现和转化为现实可用且具有市场竞争力的物品。[①]

在实际的产业创新过程中，产品创新与工艺创新相辅相成，产品创新不断提出要求以激励工艺创新，工艺创新则奠定了产品创新加工落地的制造基础，工业创新的加工制造环节能够通过反馈机制进一步优化产品创新。在整个产业创新链条中，创新者的工匠精神可以贯穿和作用于其间的两个主要环节，推动产业升级创新真正落地。

对于当下中国而言，无论是制造产业还是信息科技产业都处于一个关键的转型阶段，如何摆脱对外国的核心技术依赖并形成自主创新路径，是我们实现产业创新升级必须要跨越的鸿沟。

制造业的创新升级更依赖于累积型工匠精神，而信息科技产业则更需要急进型工匠精神。这其中匹配制度的革新尤为重要，而在这一过程中更为关

---

① 黄震. 工匠精神 [M]. 北京：北京工业大学出版社，2017.

键的是要抛弃"重研发轻生产""重学历轻技能""重数量轻实效"的二元
对立的惯性思维，重新回到生产过程，在政策行动上重视生产一线的人与
物，在实践中打造工匠精神，通过科学知识探索和生产经验积累的双轮驱
动，推动中国真正迈向质量为本的新发展模式。

（二）工匠精神是制度和文化健全与发展的落脚点

产业创新发展需要良好的制度和文化环境，工匠精神是制度和文化健全
与发展的落脚点。培育工匠精神，最重要的一点是营造良好的市场环境，包
括毫不动摇地坚持高度尊重劳动的市场经济体制和建立健全对各类所有制经
济一视同仁的人才激励制度。只要是具备工匠精神的劳动者，无论其供职于
何种所有制性质的企业单位，都应给予相应的激励和支持。同时，进一步充
分发挥市场在资源配置中的主体地位，鼓励大国工匠在企业间自由流动，促
进公有制经济与非公有制经济协调发展，进而全面激发我国制造业的生命力
和创造力。培育工匠精神，必须有与之相适应的良好社会文化氛围，应做好
"四个崇尚"。一是崇尚劳动，尊重生产一线劳动者的劳动。现阶段工匠精神
缺失，同存在轻视甚至忽视生产一线劳动者的现象有密切关系。二是崇尚技
能，关键是要让技能人才有地位、有较高的收入、有发展的通道。三是崇尚
创造，真正的"工匠精神"应该是富有强烈的创新和创造精神的。四是崇尚
"十年磨一剑"的理念。高品质的产品和高水准的服务，是要靠时间来精心
打磨的。

培育工匠精神，要根据职业技能、职业素养、职业理念不同层次的要
求，有针对性化培育和塑造。首先，要通过加大职业培训力度、开展现代学
徒制试点、深化"金蓝领工程"等工作抓手，夯实产生工匠精神的人力基
础。其次，通过制度顶层设计，转变"重设备、轻技工，重学历、轻能
力，重理论、轻操作"的观念，形成培育工匠精神的保障机制。再次，工匠
精神是一种深层次的文化形态，需要在长期的价值激励中逐渐形成，通过文
化再造、源头培育、社会滋养，发展先进企业文化和职工文化，使工匠精神
成为引领社会风尚的风向标。

第三节　工匠精神的传承

提到工匠精神，大家可能会想到德国、日本、瑞士等国。为什么提到工
匠精神，人们首先想到的不是历史悠久的中国呢？难道工匠精神是"舶来

品"吗？显然不是。中国曾经是世界上的匠人之国，中国工匠精神源远流长。

一、中国历史上的工匠精神

在中华文明的发展进程中，作为文明的始祖黄帝和炎帝都是伟大的工匠。在中华文化发展演进的历史长河中，工匠因其职业的特殊性形成了独具一格的精神特质，在推动人类文明发展方面作出了不可磨灭的贡献。那么，中国历史上的工匠精神主要表现在哪些方面呢？

（一）"尚巧"的创造精神

追求技艺之巧，对于传统工匠具有极其特别的意义。首先，"巧"是"工匠"一词的基本内涵。《说文解字》曰："'工'，巧饰也。"在某种程度上，"巧"是工匠的代名词。能称为工匠的人一定是心灵手巧的人。其次，"巧"是工匠区别于其他职业群体的鲜明特征。《荀子·荣辱》篇曰："农以力尽田，贾以察尽财，百工以巧尽械器，士大夫以上至于公侯，莫不以仁厚知能尽官职。"从事器械制造最需要的能力便是"巧"，所以为工必尚巧，它是工匠最基本的职业要求。再次，"巧"是工匠努力追求的重要美德，人们经常会用"巧夺天工""能工巧匠""鬼斧神工""巧同造化"之类的词语来表达对工匠的赞美之情，元朝赵孟頫在《赠放烟火者》写道："人间巧艺夺天工。"形容匠人的工艺作品为巧夺天工。最后，"巧"也是形成优良器物的必要条件。《考工记》曰："天有时，地有气，材有美，工有巧，合此四者，然后可以为良。"①

"巧"并不只是一种简单模仿的手工操作技巧，它在本质上体现了创造性思维的特质。它要求人们敢于打破常规，别出心裁，不拘泥于传统。那些在中国历史上被称为"能工巧匠"的，不只是因为他们技艺熟练，更重要的原因在于他们身上所具有的创造性品质。鲁班就是因发明创造了曲尺、墨斗、刨子等器物而被后人尊奉为土木建筑工匠的祖师爷，奚仲因为造车而闻名于世，此外还有"虞驹作舟""仪狄造酒""夏鲧作城"等。这些工匠的创造发明，极大地改善了人们的生活条件。他们也因而获得民众的崇敬，被奉为

---

① 聂欣. 传统手工业企业"百年巧匠"工匠精神培育研究 [D]. 石家庄：河北经贸大学，2020.

祖师爷。

中华文明的发展与繁荣集中体现在能工巧匠创作的各种精致细腻的物品之上，比如青铜器、丝绸、刺绣、陶瓷等。中国历史上，有许多著名的、令人叹为观止的工艺品，1972年湖南长沙马王堆一号汉墓出土的西汉时期的"素纱禅衣"是世界上现存年代最早、保存最完整、制作工艺最精、最轻薄的一件衣服，在中国古代丝织史、服饰史和科技发展史上有着极为重要的地位。此件素纱禅衣由精缫的蚕丝织造，通身重量仅48克，不足一两，轻若烟雾，薄如蝉翼，其高超的制作技艺代表了西汉初期养蚕、缫丝、织造工艺的最高水平。2002年，"素纱禅衣"被国家文物局列入《首批禁止出国（境）展览文物目录》。

（二）"求精"的工作态度

追求技艺的精湛和产品的精致细密是传统工匠精神的第二大特点，"求精"精神集中体现在中国古人制造的器物上，它们以其精致细腻的工艺造型闻名于世。

《考工记》记载，战国编钟极其精致，可以做到"圆者中规，方者中矩，立者中悬，衡者中水，直者如生焉，继者如附焉"。著名的苏州园林以其意境深远、构筑精致而著称于世，被称为"咫尺之内再造乾坤"，中国的丝绸、陶瓷等工艺品以其精湛的技艺远销欧亚等地，中国因而号称"丝绸之国""陶器之都"。至宋代，冶炼、建筑、织造、陶瓷、茶、酒等工艺技术已经达到相当高的水平，民间的许多传统手工艺制作，比如剪纸、年画、雕刻、皮影、泥塑等也以精巧著称。这些产品的背后都凝聚着中国工匠精益求精的精神。

（三）"道技合一"的人生境界

"良田百顷，不如薄艺在身"。在中国传统社会中的劳动者眼里，再多的财富也有失去的时候，唯有掌握一门手艺可以保证自己衣食无忧。正是出于这种朴素的认识，民众愿意学手艺，为了饭碗的牢固，还愿意将手艺练得越来越好，无形中便形成了工匠精神。但是对技艺和作品精益求精的追求并不是那些高明工匠们的真正目的，娴熟的技巧对于他们而言只不过是通往"道"的一种途径。他们希望通过手中的技艺领悟"道"的真谛，从而实现人生意义的超越。

中国历史上并不缺少"技近乎道"的源流。《庄子·养生主》中描述庖丁为文惠君解牛时，"手之所触，肩之所倚，足之所履，膝之所踦，砉然向然，奏刀騞然，莫不中音。合于《桑林》之舞，乃中《经首》之会"，引得文惠君惊讶至极："嘻，善哉！技盖至此乎？"庖丁回答："臣之所好者道也，进乎技矣。""技进乎道"，说的就是经过反复实践掌握了事物的客观规律，做起事来才能得心应手，运用自如。庖丁就掌握了"以无厚入有间"的规律（即道）才会有游刃有余的技艺。在庄子笔下，"道技合一"者并不在少数，"庖丁解牛""轮扁斫轮""佝偻承蜩""运斤成风""大马捶钩""津人操舟"等这些技艺已经到登峰造极、出神入化的地步，到达"心合于道"的境界。

实质上，中国历史上的工匠精神就是将"巧"（即理论与实践相结合的创造精神）作为工匠应当具备的职业基本要求与美德。只有心无杂念，才能达到心神合一、"道技合一"。《庄子·达生》中记载了一个"鬼斧神工"的故事，说"梓庆削木为鐻。鐻成，见者惊犹鬼神"。这个故事充分体现了中国传统工匠精神尚巧、精益、道技合一这三个特点的统一。①

二、传统工匠的现代转型

传统工匠的现代转型指的是在古代工匠向现代技术工人、工程师及技术理论家或企业家转变过程中的技术转型与角色转换。

（一）传统工匠的技术转型

技术是指解决问题的方法及方法原理，技术有人化的、物化的和知识的三种表现形态。所谓技术转型，是指技术的三种形态及其系统结构的转化。人化形态的技术转型表现为技术主体身份地位、生产生活方式与社会组织等的转变，是人们社会角色转换的主要内容；知识形态的技术转型是技术转型的核心内容，既表现为经验型技术上升到理论型技术的技术科学化过程，又表现为通过职业技术教育和人力资源开发而实现的科学技术化过程；物化形态的技术转型是科学技术化的过程，是技术转型的外在标志，主要表现为生产手段和生产工具的改变，在早期工业化过程中的是动力机器的发明和使用。这三种技术形态的转变是相辅相成的，但知识形态技术转型起主导作用，因为它所带来的技术经济，是现代知识经济兴起的主要标志。

---

① 刘向兵．新时代高校劳动教育论纲［M］．北京：社会科学文献出版社，2019.

　　传统工匠的技术转型既表现为工匠经验技术向科学理论技术的转化，又表现为科学技术化过程中技术生成方式和技术操作方式的转变。一旦经验性技术或技术的经验形态向理论知识形态转变（即技术科学化）和新的理论知识通过教育等手段转化为技术（即科学技术化），传统工匠的生产技术便在这个双向互化过程中实现了转型，其相应的社会角色也就发生新的变化。传统工匠经验性技术向理论性技术转化的技术形态之间，呈现"生产—技术—科学"的序列关系，即所谓工匠经验技术的科学理论化。这在早期工业化时期主要是"生产技术—科学"的序列关系，只有到了工业化发展阶段才有了"科学—技术—生产"的序列关系。与此同时，技术科学化的过程也是主体技术再次技术化的过程。

（二）传统工匠的角色转换

　　传统工匠角色转换的主要内容是传统工业技术主体向现代工业技术主体的转变，传统工匠向现代技术工人、工程师及技术专家转变中技术主体身份、地位和职业角色模式的转化。传统工匠的角色转换主要有以下几方面：

　　1. 主体角色模式的转换

　　体现在传统工匠现代转型方面，就是工匠的知识结构与技术素质内涵的综合转换，说到底是传统工匠向现代技术工人、工程师等的主体角色模式转换。其中关键的内容是技术型工匠向专家学者型工匠转变。这一转变是传统工匠角色转换的根本要素和核心标志。

　　2. 传统工匠身份地位的转变

　　中国古代对工业劳动者实行匠籍管理制度和农奴劳役制度，使工匠有较强的人身依附性和沉重的经济负担。匠籍制度的废除是传统工匠在社会身份改变与政治地位提升的标志；工匠劳役制度的废除与雇佣关系的发展是传统工匠获得人身自由的标志；工匠依靠技术发家致富，成为行业企业家，是其经济地位提高的标志。①

　　3. 工匠角色评价与角色认同的转变

　　既包括工匠自我价值追求与角色评价的转变，也包括社会角色认同与职业价值认识的转变。工匠因技术精湛而被选拔为管理者的人数空前增多，集中反映了工匠角色评价与角色认同的转变。

---

　　① 付守永. 工匠精神：向价值型员工进化 [M]. 2 版. 北京：中华工商联合出版社，2015.

4. 工匠生成方式与传承方式的转换

工匠生成方式的转换就是工匠养成方式或培养方式的转换，它是传统工匠角色转换的一个重要标志。传统工匠的生成方式主要有家传式和学徒式两种形式。现代技术工人和技术专家的生成方式是学校专业培养，主要为学科教育和职业技术教育等形式。传统工艺传承方式向现代学校培养方式转变，必须以产业技术科学理论化为前提，说明传统工匠的技术转型与角色转换彼此互动，互为前提条件。

5. 传统工匠组织的角色转换

即封建行会组织向近现代工会组织的职能转换。行会制既维护了工匠与作坊主的行业利益，也阻碍了传统工匠的现代转型，特别到早期工业化向工业现代化过渡时期，行会成了工匠身份转化的绊脚石，行会勾结在一起，共同压制工匠的反抗斗争，斗争的结果就是传统行会被现代工会取代。

传统工匠的现代转型是工业生产劳动者技术转型与角色转换的双轨式发展过程。一方面，作为工业化动力的技术转型是长期分离的科学理论传统与工匠经验传统联姻的结果；另一方面，作为科学技术现代化标志的"技术科学化"与"科学技术化"过程，本质上也是传统工匠向现代技术工人、工程师及科技专家转型，是科技主体身份地位的转化和职业角色转换的过程。

三、中国古代工匠精神的价值传承

中国古代的技术文明非常发达，《考工记》《氾胜之书》《齐民要术》等书都有记载。关于中国古代技术文明及其创造古代技术文明辉煌的工匠精神的哲学思考，对于重塑和发扬工匠精神有着重要的借鉴意义。

（一）善美境界：古代工匠精神的价值追求

所谓善美境界，是指由于物质生产、科技文明的相对不发达而出现的美为善所统摄的文明状态。中国古代工匠精神的善美境界可以归结为两点：一是真善美的原始统一；二是美以善为准绳。前者是古代技术文明的背景，后者是中国古代工匠精神的灵魂及古代职业教育的精神主题。

首先，真善美的原始统一。在原始文化中，从粗糙、不规则的打制石器过渡到光滑、匀称的磨制石器，从"食草木之实、鸟兽之肉，饮其血，茹其毛"到"刀耕火种"的农业方式；从"未有丝麻，衣其羽皮"到"嫘祖始教民育蚕，治丝茧以供衣服"，都体现了原始人类真善美完整、朴素的统一及进化。随着原始社会进入氏族公社以后，掌握生产技术的人往往破推举为部落首领，同时，这些人又以德为先，品德高尚，功勋卓著。原始文化中的"崇德尚贤"便成为中国工匠精神伦理走向的源泉。

其次，"善"是古代工匠精神的价值追求。中国传统文化的基本精神是教人如何做人，"道德"二字正是其特殊精神之所在，而"善"则囊括了"道德"的内涵：与人为善、止于至善、为善最乐、众善奉行的"善"被看成最高德行和最后原则。中国传统文化对中华民族的民族心理产生了深刻影响，它给中华民族文化打上一种特殊的文化烙印，直接映射到中国教育的思想发展中。

（二）"德艺兼求"：中国古代工匠精神的价值表征

对技艺和作品精益求精的追求并不是那些高明工匠们的真正目的。娴熟的技巧对于他们而言，只不过是通往"道"的一种途径。在技艺之外，自身内在品德的修养，对于他们来说同样重要。

先秦典籍《左传·文公七年》记载："六府、三事，谓之九功。水、火、金、木、土、谷，谓之六府。正德、利用、厚生，谓之三事。义而行之，谓之德、礼。"据明清之际著名教育家李塨《廖志编》的解释，"六府"几乎囊括了古代职业教育的全部内容。而"正德、利用、厚生"三事则阐述了工匠精神的内涵并规约着古代职业教育的教育原则。"正德"居于统帅地位，要求工匠必须服从仁政德治的需要，规定明确的政治方向；"利用"是指掌握创造物质财富的生产活动；"厚生"则指工匠的劳动要服务于治国和惠民。"以德为先""德艺兼求"与"经世致用"三者统一不可分，用此而产生的吃苦耐劳、敬业奉献、精益求精等精神对劳动生产十分重要，所以，"德""艺"是工匠精神的重要特征。①

（三）"心传体知"：中国古代工匠精神的价值实现

中国古代的教育由来已久，并且因各个历史时期经济发展水平、社会发展要求的不同产生了形式多样、途径各异的教育样式。但无论是作为官方职业教育的设官教民、职官科技教育、艺徒教育、职业专门学校，还是作为非官方职业教育途径的家传世学、私人授徒等职业教育，在"工匠式"教育过程中都是培养学生的主要途径。

一是"心传身授"的教学过程。所谓"心传"是一种内在的精神熏陶和

---

① 付守永.工匠精神：向价值型员工进化［M］.2版.北京：中华工商联合出版社，2015.

无形的心理传递，没有固定的范本和模式。对于传授之人来说，是一种默会的教学方式；对于受教者来说，学习的过程不是单纯的技术继承就能达到的。施教与受教双方只有心理的传授和领悟，凭经验行事。徒弟从小受师傅技术的熏陶，一旦心领神会，便可"不肃而成"、"不劳而能"、热爱工技、不见异思迁，并在生产制作过程中，不断创造新的技法、样式和风格，使得技艺在传承过程中不断被赋予新的生命。

二是"体知躬行"的学习过程。中国的"体知"内涵非常丰富，相关的概念诸如"体察""体验""体会""体味"等，主张通过人的主观体验，领悟道之所在。虽"至道"之径儒、道、佛三家论及较多，但"悟道"靠智慧、靠心理体验和价值领悟的观念，同样体现在古代职业教育过程中，而且其"知行合一"的做法更值得借鉴。古代职业教育师徒关系一旦确立，就类似于父子关系，所谓"一日为师，终身为父"就是源自艺徒制度。在学艺过程中，"尊师"是至高无上的道德准绳，这种"情感效应"对知识技能的授受有着积极作用。在中国古代职业教育的艺徒学习中，师傅不仅有责任传授给徒弟技术，而且要像父母教育子女一样，让徒弟学会做人，能够自立。当然，这一教育过程实际上也存在剥削，但是其将做人寓于做事的学习过程是值得借鉴的。[①]

中国文化精神是一种"道德的精神"，这种道德精神是中国人内心所追求的一种"做人"的理想标准，是中国人积极争取、渴望达到的一种"理想人格"。因此，中国古代工匠也是以这种道德精神为中心，强调"以德为先""德艺兼求"的工匠精神，其教育若到达此种境界者，完全是以这种道德精神为最后的解释。这样一种"向善"的"道德精神"，一定意义上陶铸了中国匠师精益求精的品格，创造了举世瞩目的古代技术文明。

第四节　培养大学生的工匠精神

一、工匠精神的时代要求

社会主义是干出来的，新时代也是干出来的。在新的历史方位，中国经济高质量发展呼唤工匠精神，人民对美好生活的向往呼唤工匠精神。工匠精

① 吴顺．工匠精神：传承与创新［M］．北京：中共党史出版社，2018.

神在 1949 年以后的科学技术事业中发挥了巨大作用。中华人民共和国成立初期面对严峻的国际形势，为抵抗帝国主义的威胁，在国家百废待兴时，成功研制"两弹一星"。我国第一颗人造卫星在 1970 年发射成功，开启了中国航天发展进程。"两弹一星"的研发与发射过程中的每一环节都凝结着工匠技艺，这些成就的背后无不体现出工匠的吃苦耐劳、攻关克难、创新等精神，这也是工匠精神的体现。正是隐藏在背后的工匠推动了我国国防事业和科技事业的发展，增强了我国自主创新的力量与信心。①

当代中国不仅有受到表彰的大国工匠，也有很多平凡的工匠。他们或者是普通岗位的技术工人，或者是文物的守护者，又或者是传承民族特色的手艺人。不可否认，当代工匠精神无处不在，绽放出夺目光彩。

近代以来，手工业发展受到工业机器化生产的挑战，成为被边缘化的生产方式，工匠精神的传承受到影响。当代人们逐步认识到再先进的技术也无法代替工匠，科技的高速发展也代替不了工匠精神的引领，工匠精神成为行业发展不可或缺的重要精神。工匠精神并不守旧，它是依据时代发展的需求传承传统工艺，并在此基础上完成创新，打造中国品牌。

工匠精神，匠心为本。工匠精神的根本是职业的坚守，是爱岗敬业的表达，是追求极致的体现。只有不忘初心，执着专注，严谨认真，摒弃浮躁，才能在本职岗位上坐得住，做得好。对工作最好的尊重，就是有一颗心无旁骛、精益求精的匠心。

工匠精神，品质为重。有工匠精神的劳动者，对自己的产品会精雕细琢，力求完美，从而不断超越自我。对他们来说，产品的品质只有更好，没有最好。弘扬工匠精神，就是要将产品当成艺术，将质量视为生命。只有打造更多的优质产品，中国制造才能不断做大做强，"中国品牌"才能真正享誉世界，中国经济增长的质量和效益才能持续提升。

工匠精神，创新为要。创新是战略之举、强国之路。只有不断增强创新驱动力，才能在高起点上实现更高质量、更可持续的发展。古代中国曾是世界上最大的匠品出口国及匠人之国，同时，也是最大的原创之国。创新基因本就深深植根于工匠精神的丰富内涵当中。弘扬工匠精神，就是要守正创新，既要继承优良传统，又要紧跟时代步伐，不断推陈出新。

---

① 吴顺. 工匠精神：传承与创新 [M]. 北京：中共党史出版社，2018.

二、工匠精神的培育途径

时代需要大国工匠，大国工匠需要工匠精神的力量滋养，对于我们大学生而言，工匠精神又是我们人生观、价值观、职业观的集中体现，是知、情、意、行的统一。因此，我们应立足于自己的职业选择，知行合一，通过对自身的思想认识、行为习惯、意志情感的锻炼，在职业认知、工匠精神价值认同、激发职业兴趣的基础上，牢固树立新时代的工匠精神，培养社会责任意识、使命意识，让工匠精神在我们身上养成和升华。

（一）建立科学的职业认知

正确认知我们的职业，坚定将职业转化为毕生事业的理想。有什么样的思想就有什么样的行为。干一行，首先必须要爱一行，只有对自己将来所从事的职业真正了解、热爱，才能长期坚持和精益求精。对职业的认知，我们不应视之为谋生的工具，而应视之为终生奋斗的事业。理想的高度决定人生的高度，如果我们的职业理想只是为了谋生，为金钱而劳动，那么是不可能具备工匠精神的。工匠不是普通的从业者，能被称为"工匠"的从业者必须具有高超技艺、精湛技能、敬业奉献的可贵品质。①

高超的技艺和精湛的技能来自反复磨炼和刻苦钻研，没有正确的职业观是难以坚持的。那些成长为大国工匠的劳动者没有一个人是为了金钱或待遇而工作的，比如南仁东、高凤林、胡双钱、王伟等。大学生首先要了解自己的专业，主动了解将来所从事的职业及岗位工作内容，客观分析自身兴趣和特长，择己所爱，确定自己毕生奋斗的职业目标，有了这样的思想认识，我们才能沉下心进行专业知识和技能的学习，才能在精湛技艺的积累中守得住初心，耐得住寂寞。

（二）提升对工匠精神的情感认同

痴于其中，则技艺必精。积极的情感是行为的重要驱动力，我们首先做到情感上热爱专注执着、精益求精，摈弃对匠人的鄙视，将工匠精神融入敬业、文明的社会主义核心价值观之中。其次，我们要意识到当代社会工匠精神的价值。当代社会消费升级，对产品要求质量至上。要做到同类产品（服

① 吴顺．工匠精神：传承与创新［M］．北京：中共党史出版社，2018.

务）中使用寿命最长、故障发生率最少，这就要求劳动者严谨细致、技能精湛、技术高超。正如纪录片《大国工匠》第一集的解说词所言，"工匠的工作看似平淡无奇，但这些工作中都积淀着经年累月淬炼而成的珍重技艺，承担着身家性命和社会民生的重大责任。相当多的工匠岗位是以一身之险而保大业平安，以一人之力而系万民康乐"。我们在学习中，要把工匠精提升到职业道德的层面，将弘扬工匠精种视作责任和使命，在工作和学习中理直气壮地追求卓越，追求极致。①

（三）锻炼坚忍不拔的工匠意志

古人云：古之立大事者，不唯有超世之才，亦必有坚忍不拔之志。大学生要成长为大国工匠亦如此。不光要有超出世人的天赋和才华，还必须有坚忍不拔的意志。匠人最引以为傲的是成熟的技艺，而技艺的提高和精湛在于重复的练习和一次次的突破，技艺、技能从掌握到炉火纯青需要经历长时间的反复练习和揣摩，这种枯燥的重复练习也不是一时的兴趣可以维系的，必须具备坚强的意志。同时对于真正的工匠来说，往往还需要技艺的突破、提高和创新，需要无数次的反复实践，在实践的过程中难免会遇到竞争、挫败感、瓶颈期等压力，靠一时的激情也是难以维系的，更需要锻炼我们顽强的意志品质。因此，我们在提升职业兴趣的同时，还必须锻炼意志品质，培养吃苦耐劳的精神、不怕挫折的抗击打能力和坚忍不拔的意志力。

（四）注重工匠精神的行为养成

"纸上得来终觉浅，绝知此事要躬行。"工匠精神的培育和养成重在知行合一，贵在坚持。敬业乐业、勤勉做事的职业操守，干一行爱一行，钻一行精一行，身边的杰出工匠给我们树立了光辉的榜样。大学生需要将工匠精神转化到日常行动中来，将工匠精神转化到行为习惯中来。在我们身边，大学生在自家菜地设计修建高铁模型、小伙子在家用泥巴制作泥塑等，说明工匠精神的培养可以就在我们身边进行，可以在不起眼的日常生活中进行。我们在行为习惯中实践工匠精神，在实践中感悟和提升自己的工匠精神。这样，工匠所需要的基本素养就可以进入意识深处，融入我们的思维和劳动习惯中。工匠精神是工匠们在长期职业实践过程中养成的良好职业素养、彰显的特有职业品质。这种素养品质是职业精神的萃取，是优秀文化的凝练，是

---

① 黄震. 工匠精神［M］. 北京：北京工业大学出版社，2017.

成就工匠的深层次的逻辑因由，是一种引领人们追梦出彩的精神资源。正是在这个意义上，工匠精神成为职业教育育人的价值标准，成为职业教育人才"质检"的衡量标尺。它是引领职业教育人才培养方向的新共识、新规范、新目标。①

三、践行工匠精神，助力企业发展

工匠精神不单代表着一种新的生产理念，也是中国制造业的转型方向，从低端制造的泥淖中走出，淘汰落后重复产能，加强技术创新，其最终目的是"增品种、提品质、创品牌"，提升中国企业的整体水平与形象。但是，工匠精神并不是光喊喊口号就够了，更关键的是，要将工匠精神付诸实践，"知行合一"，让工匠精神真正助力企业发展。

（一）将工匠精神融入企业文化发展建设中

企业文化是基业常青的基石，能够承载传承上百年的工匠精神的就是企业文化。在那些具有工匠精神的企业，员工一进来就沐浴在做事严谨、精益求精的氛围中，做每一件事都是力求做到最好，实际上这就是一种企业文化。在这种文化的熏陶中追求完美、拒绝平庸是自然而然的，不需要刻意要求。因此，企业要践行工匠精神，首先需要将工匠精神融入企业文化建设，将其纳入企业文化核心理念，通过企业文化让员工树立"工匠意识"，把工匠精神内化为全体员工的精神品质，让员工有严谨、细致、专注、负责的工作态度以及对职业的认同感、责任感、荣誉感和使命感，让敬业执着、脚踏实地、精益求精成为企业价值追求，为工匠精神厚植土壤。

（二）将工匠精神植入企业经营管理过程中

企业要以工匠精神为引领，将其融入生产经营的每一个环节。要真正投入人、财、物，让企业的生产、研发、技术、工艺等各方面的软硬件环境都能得到提升，不断吸纳前沿技术，创造出经得起时间检验的产品，打造品牌。

以工匠精神引领研发与创新。创新是工匠精神的重要内涵，对原有技术的创新与新技术的应用，将更好地满足客户需求、提升用户体验，为客户带来更高的价值。工匠精神不仅体现精工制作的理念和追求，还要积极吸收前

---

① 黄震. 工匠精神 [M]. 北京：北京工业大学出版社，2017.

沿技术，通过新技术的应用做出更好的产品，推动企业不断进取。

以工匠精神引领质量管理。质量管理需要质量文化引领与质量管理制度保障，需要进行思想建设与制度建设。质量文化要让企业上下形成共同的品质理念，在全员中形成追求极致品质的精神。质量制度要强化提升产品质量标准，推动质量理念在各个环节的落地。在质量管理方面，华为有很多好的经验值得国内企业学习。华为视品质为企业的生命，努力提升产品的品质和服务的品质，赢得了客户的信任，这也促成了华为今天的成功。华为不仅提倡以工匠精神来衡量产品，还构建了一套坚实的质量管理体系，用制度支撑"质量优先"的落地。华为公司最宝贵的是"无生命的管理体系"，以规则、制度的确定性来应对不确定性。任正非曾指出，华为最重要的基础是质量，要从以产品、工程为中心的质量管理，扩展到涵盖公司各个方面的大质量管理体系。质量管理极致追求"零缺陷"。为解决手机摄像头的质量缺陷，华为会投入数百万元进行测试，为解决"荣耀"产品的小缺陷，曾关停生产线重新整改。

以工匠精神引领品牌建设。企业的发展需要品牌的推动，品牌的好坏决定企业能否在市场立足。品牌的竞争是产品品质的竞争，而工匠精神是品牌的内在价值。工匠精神就意味着品牌对客户在质量、体验、服务等方面做出的一个长期而持续的承诺。良好的品牌打造是基于对技术的不断突破创新和对产品品质的细致研究、提升，这是品牌工匠精神的集中体现。[①]

（三）将工匠精神融入企业发展保障机制的建设中

工匠精神能否有效地落实，关键看组织机制是否秉承工匠精神的精神理念与要求进行设置。组织与机制的设置要重点考虑质量管理、研发与技术创新等职能的发挥，要求给"匠人"更多的责任与权力，要让各部门各司其职，从机制上保障全员把精力放到品质的提升与精益求精上。

工匠精神的本质是靠制度支撑起来的。某种程度上讲，工匠制度比工匠精神更重要，工匠精神更多是从精神层面影响人，工匠制度不只从精神上引领，更重要的是它指导我们怎么去做。

企业发展不能盲目鼓励竞争、简单以绩效定报酬，要让真正践行工匠精神的人得到应有的奖励。要强化技术人才激励机制，要高度重视一线劳动者的上升通道，使他们有充分的成就感、获得感和不断前进的目标动力。

---

① 吴顺. 工匠精神：传承与创新 [M]. 北京：中共党史出版社，2018.

当前许多企业并不缺技术，但缺少真正有工匠精神的大师。培养一个大国工匠需要时间的积累，因此，企业要建立一套科学的工匠培养机制，增加培训投入，遴选出一批"智造之星""技术劳模"，让工匠能够脱颖而出，成为企业里的明星，成为社会的明星，成为一种荣耀。

（四）将工匠精神落到企业员工个人发展中

从个人层面解读工匠精神，就是认真、敬业、钻研的精神。没有对职业的敬畏、对工作的执着、对品牌文化的负责态度，没有精益求精、追求完美的创新活力，就不可能在工作上有所突破，不可能在创新领域推陈出新。企业要通过文化的引导和制度的保障，最终将工匠精神的践行落实到每个员工的行动上。每个员工要深刻领悟工匠精神的要求，不浮躁、不妥协、静心做事、踏实做人。如果每一位员工都能以工匠精神对待自己的工作，严格要求自己，对产品和服务精益求精，肯多花时间去钻研，艰苦奋斗，主动学习，及时更新知识，勇于创新，把自己的工作当成雕琢一种艺术品，追求完美，乐在其中，那么每个员工都将成为自己行业领域的专家型人才。

（五）将工匠精神贯穿于企业创新发展的过程中

不同时代的工匠精神有强烈的时代特征，随着时代的变迁与技术的发展，工匠精神不断融入新的元素，但其本质是不变的，早期的手艺人身上所具备的严谨、专注、敬业精神，被称为工匠精神。工业与信息化时代，我们所要求的严谨、专注、敬业精神不变，在此基础上我们更加重视创新、精度、品质。科技越是发达，工匠精神越发重要。我们对工匠精神的本质追求没有变。

当今时代，企业践行工匠精神并不是要去从事手工手艺，而是将工匠精神融入大生产、企业化的生产与管理实践中，推动生产供给品质的提升。当今时代的工匠精神具有更多的时代特征，例如互联网领域要求追求创新、缩短研发周期、更早地将产品推向用户。互联网思维要求的对产品的不断迭代，就是要求我们不断追求精益求精。

因此，在践行工匠精神的过程中要结合所处行业的时代要求，在理解工匠精神的根本内涵的基础上与时俱进，找到适合行业、企业自身的工匠精神实现路径与方法，从而实现企业供给品质的提升、实现企业的基业常青。有人说，过去的 10 年是商人的时代，而未来的 10 年，将是匠人的时代。未来的中国企业，核心的问题不再是追求业务扩张，而是如何将自己打造成一个对产品和服务一直追求极致完美的匠人。每个工人、每名生产者、每个企业都将秉持这样的精神：摈弃那些投机取巧的思维和浮躁的心态，生产出"工匠产品"，打造响亮的中国品牌，实实在在地助推经济转型、产业升级，将那些看似空泛的精神口号落到实处，既做好产品，又获得经济效益。

这样的精神绝不是一蹴而就的，也不是将书本上的知识生搬硬套过来，而是需要系统地、耐心地培养产生，并且在企业里一代一代地传承下去。可喜的是，在40多年的快速发展过程中，我们国家有很多企业，比如华为、格力等企业，在用实际行动践行工匠精神，而且取得了优秀的成绩。相信随着供给侧结构性改革的推进，会有越来越多的企业重视工匠精神、践行工匠精神，也会有越来越多的"工匠人才"，用更多的"工匠产品"征服世界，让中国企业真正走向世界。

四、践行工匠精神，实现社会认同

工作熟练无误，仅以为"工"，而未成"匠"；由表及里，精益求精乃为"工匠"，工匠精神蕴含着一份热忱，在长年累月的工作中，匠人们始终保持激情。践行"工匠精神"，首先要成为一名优秀的"工"，然后成为一个具有自我升华能力的"匠"。每个岗位、每名员工都是企业整体运行中的重要一环，只有热爱本职工作并保持耐心、细心和决心，才能保证自己在岗位上无差池、无延误。

当我们把工作作为一项任务去完成时，可能也能把这项工作做好，但只有充满激情、满怀热忱，才能把工作做得出色。真正的工匠，在平凡的岗位上，不放弃、不迁就、不随波逐流，努力坚守。真正的工匠与企业同呼吸共命运，把推动企业发展看作自身价值的体现。真正的工匠精神，不仅是使命的延续、职责的坚守，还是与时俱进的工作思路，百舸争流的奋发精神，挺立潮头的文化自信。科技在进步，时代在发展，成为企业工匠的关键在学习，要不断学习，与时俱进，努力提升自我价值，做学习型员工。①

工匠精神是心存敬畏、执着专一的价值观的体现。工匠精神是骨子里想把事情做好的信念和决心，是对初心的一种坚持。工匠精神是将心注入工作中，当全身心投入、主体与客体融为一体忘我工作的时候，便可调动本能的

---

① 聂欣. 传统手工业企业"百年巧匠"工匠精神培育研究 [D]. 石家庄：河北经贸大学，2020.

力量，从而产生无限的创造力。工匠精神是一种从容独立、脚踏实地的工作态度。工匠精神蕴含着严谨、耐心、专注、敬业、创新等品质，不贪多求快，不好高骛远，不眼花缭乱，不惜力，不怕费事，甚至费尽周折没有获得也无怨无悔，一步一个脚印艰苦磨炼。工匠精神是一种永不知足、追求卓越的理念。工匠精神要求自己对产品质量的追求永不知足，永远在改进，把每一个产品当作工艺品一样精雕细刻、耐心打磨，不厌其烦地改进提升。工匠精神不是一朝一夕的慷慨激情，而是长年累月的坚守。在平凡的岗位上，始终保持初心，且心无旁骛，锲而不舍。只有通过不断学习，努力掌握理论知识才能在实际工作中实现创新。我们不仅要把学习看作兴趣，更应该当作一种责任，因为它是增强职业技能、提升自我竞争力、推动企业发展的必由之路。要想成为工匠，最重要的就是要热爱工作，用满腔的热忱投入到工作当中，在工作中实现自己的人生价值，不断学习，不断进步，只有这样才能精益求精、精雕细琢、追求完美，才能在工作中践行工匠精神。

第七章
大学生劳动权益的维护

第一节　劳动权益的基本内涵

维护劳动者合法权益既能够保护劳动者合法劳动行为，形成尊重劳动的文化氛围，也有助于企业人力资源的积累，保障企业可持续发展，是我国构建和谐社会、实现中华民族伟大复兴的中国梦不可或缺的重要组成部分。

一、劳动权益的内涵

劳动权益是劳动者享有的权利与利益的简称，指的是劳动者作为人力资源的所有者，在劳动关系中，凭借从事劳动或从事过劳动这一客观存在而获得的应享有的权益，包括平等就业和选择职业的权益、获得劳动报酬的权益、依法休息休假的权益、获得劳动安全卫生保护的权益、获得社会保险和福利的权益、接受职业技能培训的权益以及法律规定的其他劳动权益等。

（一）平等就业和选择职业的权益

凡是有劳动能力的公民，均应当获得参加社会劳动的权利，并能够不受歧视地自主选择相应的职业。

（二）获得劳动报酬的权益

劳动者在合法履行劳动义务之后，有权利获得与其劳动力价值对等的报酬。

（三）依法休息休假的权益

过度劳动或透支式劳动都不利于劳动者身心健康，对于可持续劳动过程会带来负面影响，因而依照法律相关规定，劳动者享有休息的权利，包括法定节假日、病假、产假等。

（四）获得劳动安全卫生保护的权益

劳动者在劳动的过程中有权利获得安全的工作环境以及必要的劳动保护用品，以保障本人的安全和健康，对于一些特殊的公众还应当配备专门的保护设施。

（五）获得社会保险和福利的权益

用人单位和劳动者必须依法参加社会保险并缴纳社会保险费，劳动者在满足对应条件时有获得社会福利的权利。

（六）接受职业技能培训的权益

从事技术工种的劳动者在上岗前必须经过培训，这既是技能提升和工作效率改进的需要，也是保护劳动者身心健康的需要。

二、大学生劳动权益的特殊性

当前，大学生在校兼职及入职前实习的现象已非常普遍，在完成课业的同时他们主动且自愿地为他人或机构提供脑力劳动或体力劳动，既能够在一定程度上增加自身的收入，同时也有助于提升其综合素质、增强就业竞争力。然而，大学生兼职或实习毕竟不同于正规的劳动就业，这导致对大学生劳动者身份的不同认识，进而增加了大学生在兼职与实习过程中劳动权益界定的难度。

要客观考察大学生劳动权益的特殊内涵，需要从其兼职与实习过程中的"劳动者"身份说起。从就业年龄来看，我国法律规定的劳动者最低就业年龄为16周岁。除特殊情况外（如大学少年班学生），大学生群体一般在18周岁以上，均已达到法律对劳动者起始年龄的要求。从智力因素来看，大学生的智商水平不应作为衡量其是否具有劳动能力的因素，而在技能水平方面，由于大学生兼职、实习阶段多从事低附加值的劳动，其所学的知识与技能足以支撑兼职或实习任务。①

以上各方面表明，大学生的确从事了与普通劳动者类似的劳动过程，理

---

① 何卫华，林峰．大学生劳动教育理论与实践教程［M］．厦门：厦门大学出版社，2019.

应享有相应的劳动权益。但大学生劳动者身份的特殊性，又使得其在劳动方式、劳动时长、劳动合同签订等方面无法与一般劳动者完全等同，特别是兼职劳动在法律意义上很难确切界定，时常出现劳动报酬被压低、休息保障不充分、其他福利待遇难于兑现等合法权益被侵害现象，从而造成大学生劳动权益保护的困难。

三、大学生劳动权益保护

据国家统计局 2019 年末的统计数据显示，我国目前 16~59 周岁的劳动年龄人口占全国总人口的 64%。一般情况下，现实劳动关系中的主体地位是不平衡的，劳动者往往处于弱势，用人单位则处于相对强势。为保障广大劳动者的合法权益，各国劳动法律体系中对劳动者的就业年龄、劳动者应享有的权利、劳动者最低工资标准以及特殊群体的劳动权益保障都会作出明确规定。

（一）大学生劳动权益保护的特殊性

与一般意义上的劳动者相比，从事兼职或实习活动的大学生身兼"在校学生"与"劳动者"双重身份，很难与用人单位形成持久而稳固的劳动关系，这既成为一些用人单位逃避相关责任的借口，也是大学生自身维权意识不足的重要原因。

首先，大学生"特殊劳动者"的身份增加了将其充分纳入法律保护范围的难度。大多数情况下，大学生需要一边完成学业一边参加劳动，这就使得他们很难提供连续且稳定的劳动，这种非持续性或非全日制劳动的形式为劳动合同签订带来了困难，即使签订劳动合同，其条款往往也只是一些原则性说明，进而成为维护其劳动权益的重要障碍。

其次，用人单位对于大学生兼职劳动的预期不稳定，用对待普通劳动者的方式为大学生提供必要劳动培训或保障的动力不足。在校大学生能否顺利毕业、毕业后是否会继续留下来工作、正式录用后是否会安心上班等，都是用人单位雇用大学生时所担心的问题。因而，大多数大学生在兼职或实习中只能从事一些可替代性强的简单劳动，用人单位出于节约成本考虑，不太可能对其进行必要的技能培训，在法律层面也较少为其缴纳相关劳动保险。

最后，大学生与用人单位双方合同缔约能力不对等。在兼职或实习劳动关系中，大学生明显处于弱势地位，使得他们在兼职与实习过程中不敢主张自己的合法权益，当自身合法权益受到侵害时也不会像普通劳动者那样主动寻求法律保护。此外,部分大学生法律意识淡薄,对自身劳动义务认知不到位,认为与用人单位签订的就业协议不具备法律效力而肆意违约。对自身权益、应尽法律义务的不明晰,既不利于大学生维护自身合法权益,同时也损害了用人方的利益,不利于维护社会公共秩序。因此,培养大学生合法劳动意识,既要积极履行自身劳动义务,又要善于运用法治思维保护自身的合法权益。

(二) 国外大学生劳动权益保护法条例

大学生劳动权益保障是全球性问题,各国做法不一。美国立法认可大学生的劳动者身份,大学生可以在平时上学期间或寒暑假自由选择兼职。该国的《公平劳动标准法案》对"凡是受雇于他人、从事体力或脑力劳动并从中获取经济报酬的人"的工资规定了参考标准,全日制学生群体也在该法案保护对象的范围内,这为兼职大学生的工资权提供了保护。①

法国各地的高等学校及学校事务管理中心为大学生兼职提供条件,并重视保障大学生在兼职与实习过程中的权益。2014 年 2 月该国颁布的《新实习生法案》,对大学生实习的周工作时间、期间享有的休假权以及获得实习补贴与报酬的最低标准都作了明确规定。

德国学术界普遍认为,当大学生能够独立完成实习或兼职要求的工作内容并符合用人单位的用工条件时,就应当从法律上认定双方的劳动法律关系。劳动法律关系一旦认定,全日制大学生与一般劳动者不存在差异,其劳动者身份受法律保护。德国规定,认定劳动关系的实习生与一般劳动者享有同等的工伤事故保险待遇,实习单位有责任为实习的大学生缴纳工伤保险费用。

日本更加注重不同身份劳动者劳动权益的平等保护,其《最低工资法》对大学生兼职的工资权益作出明确的规定,保障全日制大学生的劳动权益不受侵犯。

(三) 大学生劳动权益的保护

目前,我国劳动权益保障体系中虽然尚未形成针对大学生群体的劳动权益保障条款,但在已有法律法规中已体现出对大学生群体合法劳动权益的重视。

---

① 金劲彪,郭人菡. 毕业实习大学生劳动权益保护的法理反思:基于各层次利益衡量的视角 [J]. 教育发展研究,2020 (3):57-60.

2008 年 9 月颁布的《中华人民共和国劳动合同法实施条例》、2016 年教育部等八部门联合印发的《职业学校学生实习管理规定》以及 2019 年教育部印发的《关于加强和规范普通本科高校实习管理工作的意见》对职业院校、普通高校学生实习期间工作时间和休息休假权、获得实习报酬权以及对实习过程中发生疾病、伤亡等情况的处理等都作了规定与说明。《职业学校学生实习管理规定》的第十八条规定：接收学生岗位实习的实习单位，应参考本单位相同岗位的报酬标准和岗位实习学生的工作量、工作强度、工作时间等因素，给予适当的实习报酬……原则上不低于本单位相同岗位工资标准的 80%或最低档工资标准，并按照实习协议约定，以货币形式及时、足额、直接支付给学生。

第二节　大学生劳动权益的主要内容

大学生具有"劳动者"身份，理应合法享有相应的劳动权益，但作为兼有"在校学生"与"劳动者"双重身份的大学生，其劳动权益主要体现在劳动过程中，兼职打工、实习见习、毕业择业等不同劳动参与方式下的劳动权益内容也会有所差别，"分门别类"予以了解有助于针对性地维护自身合法劳动权益。

一、兼职中的劳动权益

大学生兼职是指大学生利用业余时间自愿为企业等用人单位提供体力或脑力的劳动支出。大学生兼职活动形式多样，在时间上也有很强的自由性，大多发生在寒暑假或节假日期间。对北京市部分高校学生的调查结果显示，在兼职过程中仅有不到一半（48.6%）的学生未遇到过任何侵权行为，多数大学生在兼职过程中遭遇权益侵害，如被故意延长工作时长、故意拖欠或克扣工资、被安排高强度工作等，① 甚至出现用人单位无视兼职大学生劳动期间受伤的情况，大学生兼职中的合法劳动权益保护不甚乐观。

根据大学生兼职的法律性质可将大学生兼职种类划分为非全日制用工与劳务关系用工两种。非全日制用工形式与企业正式员工的全日制工作形式相

---

① 麻雪松，孟婷玉，崔玉杰. 大学生兼职现状及相关问题的研究［J］. 智库时代，2018（24）：56-59.

对应，一般为大学生到企业兼职；劳务关系用工相比于非全日制用工形式更加灵活，劳动具有短时性的特点，如发传单、促销或家教等兼职活动。在两种用工关系的兼职中，兼职大学生都享有自愿订立劳动合同、约定工时限制、获得工资保障以及享受特殊工伤赔偿的权益。

第一，大学生与用人单位双方在平等协商的基础上应自愿订立劳动合同。劳动合同是劳动者与用人单位之间确立劳动关系、明确双方权利和义务的协议，具有法律约束力。合同订立后，大学生本人应依照合同要求接受用人方的管理，根据相应工作安排付出劳动，同时享有合同规定内容的合法权益。

第二，大学生在兼职时有权与用人方约定兼职期间工时限制。按照相关法律规定，非全日制用工，劳动者在同一用人单位一般平均日工作时间不得超过 4 小时；劳务关系性质的用工，单次工作时间虽然较长但对于劳动双方的权利、义务关系有明确的规定，用人方也应依照劳动合同的规定足额支付劳动报酬。

第三，大学生兼职有获得工资保障的权利。基于对劳动的尊重，同时为避免用人方将大学生作为廉价劳动力甚至免费劳动力使用，我国劳动合同法规定非全日制用工小时计酬标准不得低于用人单位所在地政府规定的最低小时工资标准。

第四，大学生兼职期间有权享有与工伤保险对等的工伤赔偿。由于兼职大学生身份的特殊性，兼职期间的社会保险不能简单套用一般劳动者社会保险管理规定，但大学生兼职仍有受工伤的风险，一旦发生，用人方应按照工伤事故处理并给予兼职大学生一定的赔偿，保证因劳动关系产生的利益得到落实。

二、实习中的劳动权益

大学生就业实习，是指已修完学校规定学分即将毕业但尚未拿到毕业证和学位证的大三或大四学生，以就业为目的提前进入工作岗位工作。与兼职的情况不同，大学生就业实习的特点在于利用学籍时间，着眼于提升自身的实践能力与就业能力，而不是单纯地利用课余时间赚取劳动报酬。一般而言，大学生就业实习是基于学校的实践安排，而兼职则属于个人行为。随着劳动力市场就业压力增大，"实习"已成为大学生择业就业的重要途径，通过实习既能够提升大学生的实践能力，帮助其提前适应职场，同时有助于促进产教融合。然而由于实习生身份与人事关系的特殊性，许多企业为降低用工成本，在规章制度、岗位职责等方面往往按照本单位正式员工的要求管理实习生，而在享有对等的劳动权益方面却尽显苛刻。

大学生在就业实习过程中除享有基本的签订劳动合同、获得劳动报酬等权益外，还应享有职业伤害保障权。这里的职业伤害保障权与兼职活动中的"特殊工伤赔偿"有所不同，属于社会保险的范畴，它是实习生在遭受职业伤害或疾病风险后获得救助的重要保障。对江苏高校实习生的大范围调查结果显示，仅有16%的实习生在实习中购买了工伤保险，其中实习单位提供的职业伤害保护仅占有保险人数的44%。[①] 大学生实习过程中因职业伤害诉讼用人方赔偿的情况时有发生。

实习生在实习过程中通常发挥"顶岗"的作用，能够胜任一般工作的要求，但"实习工资"通常低于正式员工。鉴于实习生身份的特殊性，企业可以不为实习生缴纳养老保险、失业保险，但应强制、足额缴纳实习期间的工伤保险，切实保障实习生的劳动权益，使其在实习中免受职业伤害。

三、就业中的劳动权益

大学生在毕业求职过程中，一般更加重视简历的设计或求职技巧的提升，而对就业过程中个人合法权益保护的关注明显不足。毕业生法律维权意识的缺乏致使其在就业过程中经常使自身权益受到不同程度的侵害。当前，毕业生招聘条款中侵权性质的内容普遍存在。中国人民大学社会保障学专家曾指出："我国就业市场中，超过90%的招聘信息含有歧视性条款，如年龄歧视、性别歧视、学历歧视、户籍歧视等。"针对北京某知名高校毕业生就业状况的调查结果显示，面对就业过程中的侵权现象，仅有13.9%的大学生会选择合理维权，更多的人（86.1%）则选择忍气吞声。[②] 目前，大学生就业中的劳动权益保障问题已逐渐成为一个广受关注的社会性问题。

《劳动合同法》是保障大学生就业权益的基本法律条文，大学生就业中的劳动权益主要包括劳动合同的签订、依法明确试用期限以及订立清晰的合同条款。

第一，劳动合同的签订。为降低用工成本，逃避雇佣法律责任，一些不

---

① 徐银香，张兄武．"责任共担"视野下实习生权益保障问题的调查分析 [J]．高等工程教育研究，2017（6）：44-47.

② 王克岩．浅议大学生就业过程中的权益保护 [J]．出国与就业，2011（10）：25-28.

良企业规避与劳动者签订劳动合同，特别是对于刚毕业步入职场的大学生，由于他们本身社会经验不足、法律意识淡薄，这一现象更加普遍。《劳动合同法》明确规定"用人单位自用工之日起即与劳动者建立劳动关系"，并且"建立劳动关系，应当订立书面劳动合同"。一旦毕业生在就业阶段发生侵权纠纷，除劳动合同纸质证明外，任何口头协议都不利于大学生维护自身的合法劳动权益。

第二，依法明确试用期限。试用期是大学生入职之初与用人单位相互了解的过渡期。《劳动合同法》依据劳动合同的期限对试用期的期限有明确规定："劳动合同期限三个月以上不满一年的，试用期不得超过一个月；劳动合同期限一年以上不满三年的，试用期不得超过二个月；三年以上固定期限和无固定期限的劳动合同，试用期不得超过六个月。"由于大学生对试用期相关法律条款了解不够，一些用人单位随意延长试用期限，或者为降低用人成本，试用期满后随意解除已签订的劳动合同，致使大学生劳动权益严重受损。

第三，订立清晰的合同条款。一般在签订劳动合同的过程中用人单位处于主导地位，即由用人单位提前依照相关法律规定拟好合同文本，双方在达成一致后签订。有些用人单位在拟定合同条款时倾向于过多规定"劳动者的义务"和"用人单位的权利"，而很少在合同条款中涉及"劳动者的权利"和"用人单位的义务"。由于大学生初出校门，法律意识淡薄，他们对劳动合同中的不公平条款不够敏锐，甚至有些大学生即使意识到条款中的问题，为了"保住工作"也会选择被动签约。用人单位对合同条款的不平等规定及其在签约过程中与大学生地位的不平等为大学生就业后劳动权益的保障埋下隐患，一旦发生权益纠纷，很多大学生将处于被动状态。

第三节　合法劳动意识的培养

党的十八大以来，以习近平同志为核心的党中央提出了全面依法治国的新理念新思想新战略，开辟了全面依法治国理论和实践的新境界，开启了中国特色社会主义法治的新时代。要实现"建设中国特色社会主义法治体系、建设社会主义法治国家"的总目标，就必须要对全体公民进行法治教育，最大限度增强公民法治意识。大学生作为社会主义建设中的公民主体，其合法劳动意识的培养对构建和谐劳动关系、维护社会稳定、促进经济持续健康发展都有无可替代的现实意义。《关于全面加强新时代大中小学劳动教育的意见》中也明确提出要"充分认识新时代培养社会主义建设者和接班人对加强劳动教育的新要求",坚持体现时代特征的原则,强化诚实合法劳动意识。

一、学好相关法律法规知识

《劳动法》《劳动合同法》规定了劳动者合法权益的基本内容,是大学生在兼职、实习活动中维护自身合法权益的重要法律保障,因此大学生应主动学习法律条文中劳动权益的有关内容。除了学习劳动相关法律法规,大学生应当充分利用学校课程资源,重视相关法律课程的学习。为培养大学生的法律意识,多数高校在大学一年级都开设了必修课程"思想道德与法律修养",然而由于该课程并非专业课程,学生的学习热情不高,个别学生甚至将考试不挂科作为该课程学习的目标。大学生在校期间应扭转自身认识,重视法律法规基础课程,明确课程的学习目标和培养方案,有的放矢进行学习,而不能只为获得学分应付学习。另外,除专业课和法律基础必修课外,还应当有意识地多方位涉猎其他相关知识,如选择法规类选修课程,主动参加学校组织的普法教育活动等,要从认识上重视法律法规对自身的实际意义,注重相关知识摄取的实效,掌握基本劳动相关法律法规知识。

学好劳动法规知识是前提,用好劳动法规知识才是目的。大学生在全面了解与兼职、实习、就业相关的法律条文,掌握基本的劳动法规知识后,当自身合法权益受到侵害时要主动寻求法律保护,而不能抱着"多一事不如少一事"的消极心态保持沉默,更不可在放弃使用法律武器的同时,选择采用"报复性"手段向用人单位"讨回公道",这样既无法保护自己的劳动权益,还有可能因违法而导致更大的损失。正确的做法是运用劳动法规相关知识,自主辨别自身权益受侵害的情况,并理智对待和处理常见的侵权问题,如怎样获得兼职与实习工资保障、兼职或实习期间遇到工伤情况应如何处理、就业试用期应该多长以及期间可以获得哪些待遇等。

二、兼职实习前规避风险

兼职是大学生在校期间最早接触社会的活动之一。大学生在兼职、实习与就业的过程中与用人方形成劳动关系,并受到《劳动法》和《劳动合同法》的保护,包括兼职中的劳动权益保护、实习中的双方责权,和毕业就业直接相关、关乎毕业生切身利益的有关劳动合同签订、试用期的确定以及试用期结束后转正的相关规定。为最大程度规避风险，大学生在兼职前应首先对相关法律条文进行全面了解，掌握与自身相关的、常用的法律法规知识。此外，有必要多询问高年级同学或者通过网络了解"过来人"的兼职经历，这样一方面能够对兼职工作的种类有所了解，更重要的是可以通过他人的经历提前认识到兼职中可能存在的侵权行为，为个人实际兼职活动中的权益保护提前做好准备。确定兼职工作后，大学生应当主动要求与用人方签订包含兼职时间、工作内容、工作时长、兼职待遇、兼职期间意外情况处理等内容的书面协议。①

与兼职有所不同，大学生在实习与就业的过程中应当对劳动合同的签订、试用期的确定以及转正手续办理的相关法律法规有更深刻的理解。要深刻地认识到实习或寻找工作是正式迈向劳动力市场的前奏，要用一个合格劳动者的标准要求自己，既要注重自身劳动权益的合法保护，也要清楚地认识自己在兼职与实习活动中应履行的义务，诚实劳动，辛勤劳动，用实际行动为自己争取更多权益。

三、维护合法权益

在兼职、实习与就业的过程中，当自身合法权益受到侵害后，大学生应勇于面对被侵权的情况，运用已有的法律法规知识主动尝试与用人方进行沟通，明确双方的权责，尝试协调解决问题。当个人努力协调无果，大学生还应积极寻求外在帮助。高校是大学生进入社会前法律意识形成和培养的重要场所，也是大学生合法权益受到侵害后的第一道保护阵地。高校大多设有法律指导援助机制，能及时为大学生提供就业指导与维权服务。当自身合法权益受到侵害后，大学生应积极求助于学校的法律援助中心，听取专业指导老师的意见，在学校的帮助下与用人方进行沟通协调。除学校外，社会媒体的报道、劳动权益部门的保护等都是大学生在遭受侵权伤害后寻求权益保护的有效途径。②

总之，大学生在正式步入社会前可能会面临各种形式的劳动权益威胁，当自身合法权益受到侵害后，大学生作为"弱势方"要做到既不一味退让，也不鲁莽冲动，要发挥自身内在作用，同时积极寻求学校与社会的外在帮助，借助多方力量，共同维护自身的合法权益。

---

①　何卫华，林峰. 大学生劳动教育理论与实践教程 ［M］. 厦门：厦门大学出版社，2019.
②　何卫华，林峰. 大学生劳动教育理论与实践教程 ［M］. 厦门：厦门大学出版社，2019.

第八章
大学生劳动安全教育与劳动实践的开展

第一节　大学生劳动安全教育

在当前社会不断发展过程中，劳动安全教育是大学教育教学的重点内容，同时也是大学生知识体系不可缺少的组成之一。积极对大学生进行劳动安全教育，能够促进其健康心理的形成，对大学生发展也有着十分重要的意义。

高等教育担负着培养人才的重任，也肩负着培养学生安全自卫、自救能力的特殊使命。大学生劳动安全问题关系千家万户，同时也关系着社会的和谐发展，与国家未来发展有着十分密切的联系。目前，我国各大高校发生的各种触动人心的劳动安全事故，直接反映了对大学生进行劳动安全教育的迫切性。因为当前教学体系和教学方式存在的弊端，大学生普遍存在劳动安全意识较弱的问题，所以，高职院校需要积极开展劳动安全教育工作。

一、部分大学生的特征

大学生群体思想积极向上，充满热情和朝气，乐于助人，是兼具危机感与使命感的特殊群体。但是由于地域、家庭、社会等环境差异，部分学生有着以下几点特征：

（一）文化课基础薄弱，学习兴趣较低

部分学生的文化课程基础较为薄弱，对基础课程学习兴趣较低，使得这些学生不愿参加基础课程学习，进而影响学习积极性和学习效果。部分学生通常都对技能型专业课程学习感兴趣，对技能型课程的自我学习和探索能力以及课堂表现都高于基础课程。

（二）集体观念薄弱，组织纪律性较差

在目前的各个院校中，"00 后"大学生个性普遍较强，且喜欢自由，对新鲜事物的接受能力强，好奇心十分强烈，但是这一阶段的学生不够独立，很多时候都以自我为中心，不重视他人感受。他们对自己喜欢的事物会积极探索和研究，对不感兴趣的事情都呈现出消极态度，缺乏主动性。另外，他们对集体活动和公益活动都缺少参与热情，旷课、违反纪律的问题经常发生，院校虽然也做出了相应处理，但是他们通常都是不以为然。

（三）情绪控制力较弱，应变能力差

当前大部分"00 后"都是家里的独生子，长期娇生惯养，在遇到问题和困难时，都是家里父母出面解决，他们独立面对问题、分析问题、解决问题的能力较弱。因此，他们在遇到问题之后的自我判断能力和分析处理问题能力都较低。大学生社会经验相对较少，遇事激动，自我情绪管控较弱，容易相信别人，这是为其自身安全带来隐患的重要因素。

二、劳动安全是开设劳动教育课的重要保障

（一）设立全员参与的联动机制

院校劳动安全教育是一项系统性工程，在教育过程中需要学校、家庭以及社会共同合作完成，各自担负相应职责。学校在其中有着重要作用，明确院领导、保卫人员、心理咨询教师、辅导员以及班主任等的工作职责和任务，还需要承担起建立学校、家庭以及社会联动工作机制的责任。学校要通过细心观察和交流等方式了解学生们的想法和动态，经常向家长反馈学生在校表现，如果出现劳动安全风险或已经发生劳动安全事故，需要积极做好心理辅导和相关善后工作，及时与学生家长和相关部门进行联系，共同面对危机。[1]

（二）构建安全信息快速反馈体系

将劳动安全事故控制在萌芽状态，或者为已经发生的劳动安全事故赢得黄金处理时间，在这一过程中，构建畅通的信息快速反馈体系十分重要。首

---

[1]　朱忠义. 劳动教育与实践 [M]. 北京：北京理工大学出版社，2020.

先需要重视校园劳动安全这一问题，不断加大安全投入，建设多重联防机制，从人防、物防以及技防等多方着手，将传统防卫体系与现代化防卫体系相互融合，借助信息技术与大数据技术构建校园劳动安全管理机制，进而保障大学生们的人身安全。其次构建校际突发事件应急协作体系，及时开展突发事件的应急处理，使得大学生们在不良行为发生时快速获取信息，快速了解事态情况，以便及时教育和援助大学生们。

（三）树立学生们的劳动安全意识

当前大学生劳动安全问题频频发生，与自身劳动安全意识薄弱有着极大的关系。由于年龄、文化程度以及家庭背景等多重因素影响，各个院校的学生劳动安全意识薄弱主要表现为自控能力弱、缺乏责任意识等。想要有效减少院校劳动安全事故的发生，就需要学生通过感知和思维以及想象等对劳动安全建立准确的认识，对外在安全事物状态进行科学判断。同时对自己的行为进行控制，避免自己受到伤害。另外，各个院校辅导员与班主任还可以从学生做人、做事等细节方面开展劳动安全教育，从不同角度加强学生们的自我防范能力和自我保护能力。劳动安全是所有参与者的重要责任。在做人方面，要教育学生理性分析自己的为人做事，不贪图便宜，要踏踏实实。在做事方面，要认真分析哪些事情可以做，哪些事情不可以做，加强学生们的法律意识，让其学会用法律武器保护自己，以免受到不必要的伤害。如果发生劳动安全事故，也要学会冷静，及时寻找有效的解决对策或寻求帮助，尽量将事故损失降到最低。

三、保证劳动安全是所有参与者的重要责任

对于学生来讲，虽然劳动教育课只有为期一周的学习实践时间，但是这期间的劳动安全教育也很重要。

（一）学校是学生劳动安全的责任人

教育部《学生伤害事故处理办法》第十一条规定："学校安排学生参加活动，因提供场地、设备、交通工具、食品及其他消费与服务的经营者，或者学校以外的活动组织者的过错造成的学生伤害事故，有过错的当事人应当依法承担相应的责任。"劳动安全课是学校安排的一项教学活动，学校是提供场地及设备者，学校应对实习学生承担一定的管理和保护的义务。如果学

校没有尽到相应的义务而导致学生出现安全事故，造成学生的人身损害，学校应在其过错范围内承担相应的责任。

（二）学生也是劳动期间的责任人

学生在劳动期间也对自己的劳动安全负有一定责任，要特别重视劳动技术知识的学习。任何一种稍繁杂的劳动，都有个方法、技巧问题，学生在劳动中要学得一定的技术、技巧，发现各种劳动活动中的独特规律，从而长知识，增本领。要严格遵守学校的劳动纪律及操作规范，尽量规避各种风险。

第二节　大学生劳动实践的意义和基本原则

大学生劳动实践主要是指大学生有组织、有目的、有计划地参加的各种具体社会实践和生活、服务及生产劳动等活动，如社会调查研究、实习实训、志愿服务、学科竞赛、勤工俭学、社团活动、个人生活劳动等。劳动实践的目的是使大学生在活动中受教育、长才干、做贡献。

一、大学生劳动实践的意义

大学生劳动实践是加强思想政治教育工作和实践育人工作的重要载体，是全面提升人才培养质量的重要途径，对于国家人才培养和大学生健康成长具有重要意义。

（一）立德树人根本任务的必然要求

党的十八大报告提出"把立德树人作为教育的根本任务"，"立德树人"要求我们必须坚持德育为先，"德为才之帅"。德是做人的根本，是一个人成长的根基。社会实践作为高校思想政治教育的重要载体，以高度的实践性、普遍的认同性、广泛的参与性，推进了大学生思想道德素质的养成。社会实践活动有利于大学生深入理解思想政治教育理论知识，培养正确的价值取向；有利于磨砺大学生坚忍不拔、持之以恒的意志品质，培养面对困难不屈不挠、越挫越奋的执着精神；有助于大学生养成言行一致、脚踏实地的优秀道德品质。人的道德品质只有通过行动才能体现出来，大学生只有积极参加实践，认识社会，在社会大舞台中增强自身的使命感和责任感，才能树立正确的人生观、世界观和价值观。通过社会实践活动，可以加深青年学生了解社会、了解国情，增强坚持走中国特色社会主义道路的信念。①

（二）培养大学生脚踏实地理论联系实际的作风

理论知识对于大学生来讲是非常必要的，但是如果缺少实践训练，理论知识无法转化为能够实际运用的技能，难以直接用于现实生活中，生活中的诸多难题往往也不是依靠单一的理论知识就能解决的。社会实践是理论联系实际的重要途径，大学生在社会实践中，通过理论和实践结合的模式，可以达到抽象的理论知识转化为实用的专业技能的目的。在社会实践中，大学生既可以加强学校与社会的信息交流，通过运用自己的专业知识和技能，巩固和强化课堂上学到的知识，又可以把所学的专业知识与实践活动结合起来进行服务开发，真正体现自身的社会价值。

（三）有助于大学生的社会化和全面发展

社会化是指个体由生物人成长为社会人，并逐步适应社会生活的过程。经由这一过程，社会文化得以积累和延续，社会结构得以维持和发展，人的个性得以健全和完善。人的全面发展是人类的崇高追求，是人和社会发展的最高目标、最终价值取向。教育作为实现人的全面发展的重要途径，必须以学生为本，关注学生的全面发展、和谐发展、持续发展、终身发展和健康成长。社会化并不局限于童年，而是一个不断自我定向的过程。大学生的社会化是在初级社会化基础上进一步社会化的一个关键时期，大学生社会化的结果对社会发展、文化传承和人格塑造都具有特殊的意义。由于大学生群体的内在特性和社会影响等原因，许多学生在刚步入大学时出现了学习适应不良、人际交往障碍等情况，这也反映了处于"心理断乳期"的大学生在社会化中产生的诸多困惑。作为大学生社会化的重要途径，形式多样、丰富多彩的社会实践有助于大学生迅速、顺利地适应社会、融入社会。大学生在社会实践中，可以深入社会，学会客观、正确地评价自我，发现"理想我"与"现实我"的实际差距，通过调整角色期望值、确立适当的成就动机，不断完善自我，提高社会适应能力和人际交往能力，促进大学生健康社会化，从而逐步实现生活技能的社会化、职业技能的社会化、行为规范的社会化、生活目标的社会化；可以增强学生责任感和使命感，充分发挥学生的知识和智力优势，为人民群众生产和生活基本需求服务，培养学生的劳动观念和奉献精神。

---

① 朱忠义. 劳动教育与实践［M］. 北京：北京理工大学出版社，2020.

（四）有助于大学生设计职业规划

大学生只有正确进行职业规划并顺利就业才能真正实现自身价值与社会价值。大学生职业生涯规划必须基于对社会需要与所学专业的一定认识，大学生主动参与到社会实践中正是实现这种认识的快捷途径。作为身处"象牙塔"中的大学生，生活环境相对封闭，缺乏对外界的了解，往往存在脱离现实的倾向性，喜欢仰望星空，缺乏脚踏实地；喜欢梦想，缺乏实干；空有知识，缺少能力等，而社会实践是大学生了解社会、融入社会、服务社会的一条重要途径，是检验专业知识学习的一个平台。大学生在真实的职场情境中，能够增强对职业、行业、企业的了解，认识并深刻体验到学校人才评价标准与职场人才评价标准的差异，判定自身的能力倾向与兴趣等，改变重知识轻能力的传统观念，主动调整学习态度，优化学习目标，尽早设计好适合自身发展的职业生涯规划。

（五）增强大学生创新意识和创业精神

当前，全社会关注大学生的创新创业教育，大学生创新创业之风已经形成。创新创业要求提升大学生各方面的技能，对大学生的职业规划、创新和创业素质、事业心、开拓精神等都有较高要求。社会实践是大学生充分发挥主观能动性与积极性的过程，有利于培养学生的创新精神。在社会实践中，大学生根据自己的专业特点自主选择活动方式、控制活动过程，许多富有专业特色的社会实践还要求学生综合运用所学知识与技能，在实践过程中检验专业所学，体现学有所用、服务社会的价值。如果大学生能够结合自身专业特点，选择与专业联系紧密的优秀企业进行社会实践，从中了解相关研究领域的最新进展与成果，就会进一步加强对专业特色与科研水平的认识，增强分析问题和解决问题的能力，激发创新创业的兴趣，调动潜在的创造力，明确自己的就业方向，主动积累相关实践经验，转变就业期望和观念，为就业、创业打下良好的基础。[①]

（六）促进大学生高质量顺利就业

参加社会实践可以培养良好的团队精神、吃苦耐劳的精神、强烈的事业心和责任感，可以发展个性、磨炼意志，提高心理素质和管理能力等，能大

---

① 朱忠义.劳动教育与实践 [M].北京：北京理工大学出版社，2020.

大拓展综合素质。社会实践使大学生增加社会阅历，积累工作经验，缩短步入职场、适应社会和职场的时间。社会实践能帮助大学生树立市场竞争意识，端正就业态度，避免好高骛远、不切实际，真正做到量能定位和量力就业，树立正确的就业观。

（七）发挥人才培养、创新创业、服务社会等功能的必然选择

大学教育，人才培养是第一要务。社会实践能够提高大学生对社会的深刻认知，提高大学生的社会适应能力，促进大学生将所学理论知识与实际情况相结合，学以致用，实现理论与实践的统一，更加全面提升大学生的综合素质，为其创新创业奠定坚实基础。大学立足于服务所在地区的经济社会发展，社会实践活动有利于大学生成长为能够服务地方经济发展的复合型人才，大学生社会实践是高校发挥社会服务功能的重要途径。

二、大学生劳动实践的基本原则

学校要注重围绕创新创业，结合学科和专业积极开展实习实训、专业服务、勤工助学等，重视新知识、新技术、新工艺、新方法应用，创造性地解决实际问题，使学生增强诚实劳动意识，积累职业经验，提升就业创业能力，具体应遵循以下原则：

（一）坚持育人为本

落实立德树人根本任务，始终坚持实践育人，将社会主义核心价值观教育融入实践全过程，引导大学生在实践中观察社会、认识国情，加深对国家路线方针、政策的认识，树立正确的世界观、人生观、价值观，坚定走中国特色社会主义道路。

（二）坚持理论联系实际

坚持教育与生产劳动和社会实践相结合，学生应主动运用所学理论或方法去思考、解决问题，实现"学"与"用"、"理论"与"实践"的统一，提高社会实践的育人实效。

（三）坚持课内与课外相结合

建设实践育人的工作机制，坚持集中与分散、平时与假期相结合，确保

社会实践活动全员覆盖、深度影响。

（四）坚持受教育、长才干、做贡献

学生要通过劳动实践在思想意识和道德修养方面受教育，在专业和职业技能上受锻炼，增长解决实际问题的才干，为社会建设做出贡献，力所能及地做实事、办好事。

（五）坚持整合资源

将实践育人作为一项系统工程来抓，调动校内外各方面的积极性，制定社会各方面支持大学生社会实践的制度，为大学生社会实践创造有利条件，努力推动全社会共同参与、大力支持大学生社会实践。

第三节　大学生劳动实践的具体形式

组织大学生参加内容丰富、形式多样的社会实践活动，其目的是帮助学生了解、体验国情民情，加深对党的创新理论的理解，深化对党的路线、方针、政策的认识，培育和践行社会主义核心价值观，坚定跟党走中国特色社会主义道路、实现"中国梦"的理想信念，增强学生的社会责任感、创新创造精神和实践动手能力。人才培养模式改革不断强化大学生的市场主体地位。随着学生自主选择范围与途径的不断拓宽，新的社会实践形式和方式不断涌现，传统的社会实践格局逐渐被打破。教学实验由按班分组集中进行逐渐向综合性、自主性实验转变；毕业实习由分班集中进行向学生自主联系、分散进行转变。同一种社会实践活动，实践的形式和方式呈现出多样化，学生自主实践成为主要的社会实践形式，参与人员不断增多；学校与社会联系越来越密切，各种实践基地如产学研基地、教学实习基地、就业见习基地纷纷建立；社会中介、用人单位、社区与政府参与社会实践活动的积极性越来越高。社会实践的组织已从单一的学校组织，发展到学生自发组织和社会主体组织等多位一体的体系转变，这一演变深刻地折射了社会、政治、经济环境对大学生社会实践的影响，反映了大学生社会实践的"社会化"进程。[①]

大学生劳动实践形式按照不同的分类标准可以分为不同的种类。按照劳动实践的性质可分为日常生活劳动、生产劳动和服务性劳动；按照实践的区

---

① 徐国庆. 劳动教育 ［M］. 2 版，北京：高等教育出版社，2021.

域可分为校内实践、校外实践；按照培养方案的设计可分为课内实践、课外实践；按照活动参与主体的作用可分为政府主导式、学校主导式、学生主导式、社会主导式；按照实践的形式可分为竞技竞赛、志愿服务、专业实习、毕业设计、创新创业、调研考察等。下面介绍几种影响大、覆盖面广的实践形式。

一、"青马工程"

"青马工程"是青年马克思主义者培养工程的简称。2007 年，团中央启动实施了"青马工程"，目前已成为共青团组织彰显政治性特征、聚焦思想政治引领主责主业的重要工作品牌。2013 年，"青马工程"被纳入中央马克思主义理论研究和建设工程；2017 年，"青马工程"被列为《中长期青年发展规划（2016—2025）》重点项目的第一项。其间，"青马工程"形成了《"青年马克思主义者培养工程"实施纲要》等一系列制度规范，建立了全国、省级、校级三级培养体系，健全了党性修养、理论学习、实践锻炼等课程体系，主要内容为深化理论学习、开展红色教育、加强实践锻炼等，形成了多方协作支持的工作机制。2019 年，共青团中央将"青马工程"作为履行根本任务和政治责任的重要载体，明确以科学化培养"具有忠诚的政治品格、浓厚的家国情怀、扎实的理论功底、突出的能力素质，忠恕任事、人品服众"的青年政治人才为目标，突出"培养培训"并重，着力"提质扩面"。

2020 年，共青团中央联合教育部等部委印发《关于深入实施青年马克思主义者培养工程的意见》，对新时代深入实施"青马工程"做出部署安排。

（1）坚持党的领导。坚持"党管青年""党管人才"的原则，将党的基本理论、基本路线、基本方略贯穿"青马工程"实施的各领域和全过程。

（2）突出核心目标。把理想信念教育放在首位，坚持用马克思主义科学理论武装青年头脑，引导学员树立共产主义远大理想和中国特色社会主义共同理想。

（3）注重实践导向。组织引导青年在中国特色社会主义实践、群众工作实践、各种重大事件和急难险重任务中，深入了解世情、国情、党情，站稳立场、坚定信念、锻炼能力、敢于担当，充分发挥"点亮一盏灯、照亮一大片"的示范带动作用。

（4）遵循育人规律。聚焦培养青年政治骨干这一目标，尊重思想政治教育规律、青年成长规律等，突出青年马克思主义者培养的特殊要求。

"青马工程"逐步构建覆盖高校、国企、农村、社会组织等各领域优秀青年，不断为党培养和输送青年政治骨干的培养体系，突出对大学生骨干的政治训练和思想引领。全国班由团中央组织部、教育部思想政治工作司共同组织实施，省级班由省级团委联合省级教育部门组织实施，校级班由高校团委在高校组织、宣传、学工（研工）等部门指导下组织实施。

"青马工程"每一期集中培养周期原则上为 1 年。全国班每期规模约 200 人，其他层级班遵循"少而精"的原则合理安排规模。总体每年培养大约 20 万人。学员必须从坚决拥护党的领导，对习近平新时代中国特色社会主义思想有强烈的理论认同、实践认同和情感认同，学习工作实绩突出的优秀青年中选拔。学员应为 18~35 周岁的青年党员或者团员中的入党积极分子。保证学员选拔的公信力和透明度，按照公开报名、资格审查、比选择优、组织考察、确定入选的方法和程序进行选拔。其中，比选择优一般包括笔试、综合面试、个人业绩评价等环节，组织考察要深入人选所在单位了解人选的表现情况和群众基础，对政治上不合格的人坚决不予录取。①

二、志愿服务

志愿服务是指在不求回报的情况下，为改善社会，促进社会进步而自愿付出个人的时间及精力所做的服务工作。奉献精神是志愿服务精神的精髓。志愿者通过参与志愿服务，促进了社会的进步，同时自身也得到了很大提升。2017 年 10 月 18 日，习近平同志在十九大报告中指出，推进诚信建设和志愿服务制度化，强化社会责任意识、规则意识、奉献意识。2017 年 12 月 1 日起，国务院颁布的《志愿服务条例》正式施行。

志愿服务劳动在培育大学生积极向上的心理品质上具有独特的功能优势。它不仅可以使大学生的职业道德素养和专业实践经验得到有效提升，更能够培养大学生仁爱、奉献、关怀、理解和尊重等积极向上的心理品质，在做志愿服务劳动的过程中体验助人的快乐、感受社会的温暖，从而实现自我认同。

志愿服务活动丰富多彩，包括农村经济开发、城市社区建设、生态环境保护、服务大型活动、应急救援服务、日常支教活动、文化场馆服务、校园日常服务等。影响最大的是大学生"三下乡"志愿服务。大学生"三下乡"志愿服务是指文化、科技、卫生下乡，是大学在暑期开展的一项旨在提高大

---

① 何卫华，林峰. 大学生劳动教育理论与实践教程 [M]. 厦门：厦门大学出版社，2019.

学生综合素质的社会实践活动。20 世纪 80 年代初，团中央首次号召全国大学生在暑期开展"三下乡"社会实践活动。1996 年初，中央宣传部、中央文明办、教育部等 14 部委联合开展了大学生"三下乡"活动。随后逐步在各大高校展开，时至今日已成为锻炼学生社会实践能力的一种重要的常规性活动，也是考核学生综合素质的重要指标。2005 年，团中央、教育部制定了《关于进一步加强和改进大学生社会实践的意见》，文件提出文化、科技、卫生"三下乡"和科教、文体、法律、卫生"四进社区"活动，是新形势下大学生参加社会实践的有效载体。要广泛发动大学生利用寒暑假等时间开展"三下乡"和"四进社区"活动，大学要更加主动地与地方沟通，进一步明确实践服务的内容，根据需求选派相关专业的大学生组成团队，为群众办实事、做好事、解难事。当地团组织要在党政的领导和支持下，与有关部门协调配合，安排好活动的时间、地点和具体内容。活动所在单位要对大学生的表现做出鉴定。活动成员以志愿者的形式深入农村，传播先进文化和科技，体验基层民众生活，调研基层社会现状，通过一系列实践活动提高社会实践能力和思想认识，同时更多地为基层群众服务。

大学生的"三下乡"社会实践活动涉及面广，内容丰富，形式多样。活动可以是单人形式，也可以是小组的形式，一般来说小组形式更加有利于实践活动的展开和取得良好效果。

大学生"三下乡"活动流程如下：

（1）确定实践主题。实践主题对社会实践非常重要，它是整个实践活动的思想指导。好的实践主题必须联系实际，切忌空谈和夸张。

（2）拟定策划方案。确定实践主题后，必须根据主题思想拟定详细的活动策划方案，一般为书面或电子文档形式。活动策划方案的优劣直接关系整个活动成败，它规定了活动的具体内容、活动形式以及各种注意事项等。

（3）提出申请。向所在学校或学院提出书面申请，同时上交活动策划方案并领取"三下乡"实践表格。

（4）活动进行过程。

（5）撰写总结。实践结束后，成员需要就实践活动做出总结，撰写实践总结报告并上交。实践总结报告应包括实践者对整个实践活动的基本过程描述、实践心得以及实践评价。

大学生"三下乡"活动的意义重大。大学生"三下乡"使大学生能够将自己在学校所学的先进的、科学的生活观念在广大农村传播，紧密结合他们所学专业技术和知识，在农村开展多种形式的先进科技文化知识和生活观念的宣讲活动。大学生参与新农村建设的进程，为大学生了解中国国情打开了一扇窗口，密切了高等教育与新农村建设的关系，同时提高了大学生的社会实践能力和综合素质，为国家未来的发展培养了优秀人才。

大学生是我国科学技术发展的后备军，应该发挥知识技能的优势，为农村建设服务，为农民群众服务。广大的农村需要大学生去发挥聪明才智，大学生也需要到农村去，在服务农民群众的实践中接触社会，了解国情，增强社会责任感和历史使命感。通过"三下乡"，大学生可以改造世界观、价值观，把农村建设的需要和青年学生的成长很好地结合起来，有利于大学生走正确的成长成才道路。此外，"三下乡"活动在党和政府与农民群众之间架起了一座桥梁，通过青年学生的下乡服务，体现出党和政府对农民和基层群众生产生活的关心。

三、科技竞赛

2020 年 2 月 22 日，中国高等教育学会发布了 2015—2019 年和 2019 年全国普通高校学科竞赛排行榜，进入 2015—2019 年学科竞赛排行榜榜单的就有 40 余项竞赛，未进入榜单的各级竞赛数量众多、丰富多彩，有综合性的，也有学科类的，为大学生提供了足够多的科技竞赛平台。由政府组织牵头，高校、协会或群众组织承办的各类竞赛活动，如共青团中央、中国科协、教育部和全国学联共同主办的全国大学生"挑战杯"大赛、人力资源和社会保障部组织的中华人民共和国职业技能大赛等。这些竞赛活动现已成为推动大学生课外科技活动，促进学生成长成才、连接社会与学校的重要纽带和品牌。

（一）中国"互联网+"大学生创新创业大赛

中国"互联网+"大学生创新创业大赛（以下简称大赛）于 2015 年设立，由教育部与政府、各高校共同主办，每年举办一届，是目前我国影响范围最大的创新创业赛事。

1. 大赛目的

（1）以赛促学，培养创新创业生力军。大赛旨在激发学生的创造力，激励广大青年扎根中国大地了解国情民情，锤炼意志品质，开拓国际视野，在创新创业中增长智慧才干，把激昂的青春梦融入伟大的中国梦，努力成长为德才兼备的有为人才。

（2）以赛促教，探索素质教育新途径。把大赛作为深化创新创业教育改革的重要抓手，引导各类学校主动服务国家战略和区域发展，深化人才培养综合改革，全面推进素质教育，切实提高学生的创新精神、创业意识和创新创业能力。推动人才培养范式深刻变革，形成新的人才质量观、教学质量观、质量文化观。

（3）以赛促创，搭建成果转化新平台。推动赛事成果转化和产学研用紧密结合，促进"互联网+"新业态形成，服务经济高质量发展，努力形成高校毕业生更高质量创业就业的新局面。

2. 参赛类型

参赛类型包括"互联网+"现代农业、"互联网+"制造业、"互联网+"信息技术服务、"互联网+"文化创意服务、"互联网+"社会服务、"互联网+"传统产业、"互联网+"新业态、"互联网+"公共服务和"互联网+"技术支撑平台等。

3. 参赛对象

普通高等学校在校生、职业院校、国家开放大学学历教育学生等。

4. 历届大赛主题、特点

（1）第一届大赛主题："互联网+"成就梦想，创新创业开辟未来。

（2）第二届大赛主题：拥抱"互联网+"时代，共筑创新创业梦想。

（3）第三届大赛主题：搏击"互联网+"新时代，壮大创新创业主力军。本届大赛在往届的基础上增加了参赛项目类型，鼓励师生共创。

（4）第四届大赛主题：勇立时代潮头敢闯会创，扎根中国大地书写人生华章。

（5）第五届大赛主题：敢为人先放飞青春梦，勇立潮头建功新时代。此届大赛分设存高教、职教、国际、萌芽（中学生）四大板块，共有来自全球五大洲124个国家和地区的457万名大学生、109万个团队报名参赛，参赛项目和学生数接近前四届大赛的总和。

（6）2020年第六届大赛以"我敢闯、我会创"为主题，报名参赛项目与报名人数再创新高，内地共有2988所学校的147万个项目、630万人报名参赛，包括本科院校1241所、科研院所43所、高职院校1130所、中职院校574所。

5. 奖项设置

（1）高教主赛道：国内、国际参赛项目各设金奖、银奖、铜奖；设最佳带动就业奖、最佳创意奖、最具商业价值奖、最具人气奖；设高校集体奖、省市优秀组织奖等。

（2）青年红色筑梦之旅赛道：设金奖、银奖、铜奖；设"乡村振兴奖""社区治理奖""逐梦小康奖"等单项奖若干；设"青年红色筑梦之旅"高校集体奖等。

（3）职教赛道：设金奖、银奖、铜奖；设院校集体奖等。

（4）萌芽赛道：设创新潜力奖和单项奖若干。

（二）"挑战杯"系列竞赛

"挑战杯"系列竞赛（以下简称"挑战杯"）是由共青团中央、中国科协、教育部和全国学联共同主办的全国性的大学生课外学术实践竞赛，"挑战杯"在中国共有两个并列项目："挑战杯"中国大学生创业计划竞赛和"挑战杯"全国大学生课外学术科技作品竞赛。这两个项目的全国竞赛交叉轮流开展，每个项目每两年举办一届。

"挑战杯"始终坚持"崇尚科学、追求真知、勤奋学习、锐意创新、迎接挑战"的宗旨，在促进青年创新人才成长、深化高校素质教育、推动经济社会发展等方面发挥了积极作用，在各个大学乃至社会上产生了广泛而良好的影响，被誉为当代大学生科技创新的"奥林匹克"盛会。"挑战杯"已经成为吸引广大高校学生共同参与的科技盛会，发展成1000多所大学参与，200多万大学生的竞技场。"挑战杯"在广大青年学生中的影响力和号召力显著增强，成为深化高校素质教育的实践课堂，促进优秀青年人才脱颖而出的创新摇篮，引导大学生推动现代化建设的重要通道。成果展示、技术转让、科技创业，让"挑战杯"从"象牙塔"走向社会，推动了大学的科技成果向现实生产力的转化，为社会和经济发展做出了积极贡献。目前，"挑战杯"已经形成了国家、省、高校三级赛制，广大高校以"挑战杯"为龙头，不断丰富活动内容，拓展工作载体，把创新教育纳入教育规划，使"挑战杯"成为大学生参与科技创新活动的重要平台。"挑战杯"成为展示全体中华学子创新风采的亮丽舞台。香港、澳门、台湾众多高校也积极参与竞赛，派出代表团参加观摩和展示。竞赛成为青年学子展示创新风采的舞台，增进彼此了解、加深相互感情的重要途径。

（三）中华人民共和国职业技能大赛

为深入贯彻落实习近平总书记对技能人才工作的重要指示精神，充分发挥职业技能竞赛在促进技能人才培养、推动职业技能培训和弘扬工匠精神上的重要作用，营造劳动光荣、技能宝贵、创造伟大的社会风气，更好地服务就业创业和经济高质量发展,经国务院批准,人力资源和社会保障部从 2020 年起举办全国职业技能大赛。首届大赛以"新时代 新技能 新梦想"为主题,设 86 个比赛项目,共有 2500 多名选手、2300 多名裁判人员参赛,是 1949 年以来规格最高、项目最多、规模最大、水平最高的综合性国家职业技能赛事。

凡 16 周岁以上、法定退休年龄以内的中国大陆公民(当地学习或工作满 1 年以上)按属地原则报名参赛。对全国总决赛各竞赛项目获得前 3 名的选手,相应颁发金、银、铜牌。对前 3 名以外但排名在参赛人数 12 以上的选手颁发优胜奖。对各竞赛项目前 5 名获奖选手(团队双人赛项前 3 名、三人赛项前 2 名),授予"全国技术能手"称号。获优胜奖以上选手可直接晋升技师(二级)职业资格或职业技能等级,已具有技师(二级)职业资格或职业技能等级的可晋升高级技师(一级)。

2020 年 12 月 10 日,中华人民共和国第一届职业技能大赛在广东省广州市开幕。中共中央总书记、国家主席、中央军委主席习近平发来贺信,向大赛的举办表示热烈的祝贺,向参赛选手和广大技能人才致以诚挚的问候。他指出,技术工人队伍是支撑中国制造、中国创造的重要力量,职业技能竞赛为广大技能人才提供了展示精湛技能、互相切磋技艺的平台,对壮大技术工人队伍、推动经济社会发展具有积极作用,希望广大参赛选手奋勇拼搏、争创佳绩,展现新时代技能人才的风采。习近平强调,各级党委和政府要高度重视技能人才工作,大力弘扬劳模精神、劳动精神、工匠精神,激励更多劳动者特别是青年一代走技能成才、技能报国之路,培养更多高技能人才和大国工匠,为全面建设社会主义现代化国家提供有力人才保障。

四、社团活动

学生社团是指学生根据个人的兴趣、爱好和特长等在自愿的基础上自发组织而成、按照章程自主开展活动的学生群众组织。学生社团形式多种多样,如学术问题、社会问题的研究会,文学、艺术、体育、音乐、美术、影视等方面的活动小组,以及文艺社、棋艺社、摄影社、美术社、歌唱队、话剧团、篮球队、足球队、武术社、数学社、物理社、微电影社团等。学生社团可打破年级、专业甚至学校的界限,团结兴趣、爱好相近的同学。

学生社团必须自觉接受学校团委、各院系团委的领导,必须遵守宪法、法律以及学校各项规章制度。社团活动不得妨碍学校各类正常工作和教学、生活秩序。学生社团不得从事以营利为目的的经营性活动。学生社团是我国校园文化建设的重要载体，是我国大学的第二课堂的引领者。学生社团的基本任务是：适应社会发展需要，适应教育改革及学生成长成才的需要，积极开展健康有益、丰富多彩的课外科技文化艺术活动，促进学生德、智、体、美、劳全面发展。每年各社团以其具有思想性、艺术性、知识性、趣味性、多样性的社团生活吸引广大学生积极参与其中。学生利用课余时间开展各种发挥他们某方面特长、有益于身心健康的活动，活跃了学校文化氛围，丰富了课余生活，提高了学生自治能力，互相启迪、切磋技艺，交流思想、增进友谊。

目前，在大学校园中，有一半以上的学生参加了大学生社团。学生社团成为各行业、各组织机构沟通交流的使者，建立沟通联络的渠道，使学生与学校、学校与学校、团体与团体、学生与学生、社团与社会等建立起联系。每个学生社团都会定期进行纳新，需要大量的宣传和自我展示活动以吸引新生加入、推广自己的社团。

五、创业实践

大学生创业是一种以在校大学生和毕业大学生为创业主体的创业过程。大学生作为年轻的知识人群，有着较为丰富的知识储备和其他群体所欠缺的创造力，是创业的主要人群。真正的创业实践开始于创业意识萌发之时，大学生的创业实践是学习创业知识的最好途径。

（一）大学生具有的创业优势

（1）大学生对未来充满希望、充满激情，具有"初生牛犊不怕虎"的精神，这是一个创业者应该具备的素质。

（2）大学生在学校里学到了很多理论性的东西，有着较高层次的技术优势，大学生创业开始就必定会选择高科技、高技术含量的领域，"用智力换资本"是大学生创业的特色和必然之路。风投公司往往因为看中了大学生所掌握的先进技术，而愿意对其创业计划进行投资。现代大学生有创新精神，有对传统观念和传统行业挑战的信心和欲望，而这种创新精神也往往造就了大学生创业的动力源泉，成为成功创业的精神基础。

（3）大学生创业的最大好处在于学以致用，提高自己的能力，增长社会实战经验。对于学生来说，最大的吸引力是通过成功创业，可以实现自己的理想，证明自己的价值。

（二）大学生创业实践的类型

大学生创业实践可以分为直接创业实践和间接创业实践。

1. 直接创业实践

（1）大学生通过创业实践基地、大学生创业平台等进行的创业实践。学校、政府相关部门及企业独立或合作创办的大学生创业基地、大学生创业平台等，为学生提供创业实习机会，提供创业立项机会，并给予经费支持。目前我国各类创业实践基地数量众多，几乎覆盖所有学科专业。创业实践基地是提高学生创业实践能力和经验的主要途径。通过创业实践基地的培训，大学生可以熟悉创业流程和条件，了解创业的难点和注意事项，这有利于提高学生创业能力。大学生创业平台设置了专门的创业指导站，为学生提供创业引导，不仅为学生提供了相关创业信息，也为学生提供了创业方向，降低了大学生创业风险。

（2）大学生可以自主在课余时间、假期通过校园代理、开办网店、直播代购、兼职打工、试办公司、试申请专利、试办著作权登记、试办商标申请等形式，也可以举办创意项目活动、创建电子商务网站等进行创业实践。

2. 间接创业实践

间接创业实践主要指大学生通过模拟仿真等方式进行的创业实践。大学生可以借助学校举办的某些课程的角色性、情景性模拟参与来进行间接创业实践，例如积极参加校内外举办的各类大学生创业大赛、工业设计大赛等，对知名企业家成长经历、知名企业经营案例开展系统研究等。大学生也可以在创业平台上利用创业软件，模拟创业活动，了解创业过程，体验创业，提升创业能力。

（三）大学生创业实践注意事项

1. 学习创业知识

可以通过创业平台、各地创业中心、创新服务中心、大学生科技园、留学生创业园、科技信息中心、知名的民营企业的网站等学习创业知识。

2. 了解相关政策

为支持大学生创业，各级政府出台了很多优惠政策，涉及融资、开业、税收、创业培训、创业指导等诸多方面，了解这些政策，才能走好创业的第一步，

3. 充足的心理准备

面对创业中的挫折和失败，许多创业者感到痛苦和茫然，甚至沮丧和消沉。学习创业，看到的多是成功的例子，其实成功的背后还有更多的失败案例。看到成功，也看到失败，这才是真正的创业，也只有这样，才能使年轻的创业者们变得更加理智。

4. 积累商业管理经验

大学生虽然掌握了一定的书本知识，但终究缺乏必要的实践能力和经营管理经验，对企业管理、团队建设、市场营销等往往缺乏足够的认识，很难马上胜任企业经理人的角色。

5. 增强市场观念

不少大学生乐于向投资人大谈自己的技术如何领先、创意如何独特，却少涉及这些技术或创意产品究竟会有多大的市场空间。就算谈到市场的话题，也多半只会计划花钱做做广告而已，而对于诸如目标市场定位与营销手段组合这些重要问题，则没有多少概念。其实，真正能引起投资人兴趣的并不一定是那些非常尖端、先进的技术或产品，相反，那些技术含量一般但却能切中市场需求的产品或服务，常常会得到投资人的青睐。同时，创业者应该有非常明确的市场营销计划，能强有力地证明赢利的可能性。

六、勤工助学

勤工助学是大学生课余时间在校内外通过参加各类劳动获得一定劳务报酬的活动。目前，各高校都会给学生提供一定的勤工助学岗位，比如校园、办公室、实验室、餐厅等场所的卫生和服务等岗位，学生也可以自主选择在学校附近的商店、饭店或辅导机构勤工助学。大学生勤工助学的过程实际上是学校教育的一种体现方式。大学生在劳动实践的过程中可以感受通过自身劳动获取的幸福感和价值感，能够提高大学生的劳动技能，丰富大学生活阅历，培养良好的劳动态度、劳动习惯、劳动品德和劳动价值观，健全大学生品格；能够锻炼大学生的高尚品质、顽强意志，帮助大学生自主成长；锻炼大学生的人际交往能力和沟通表达能力，提高大学生的心理承受能力和社会适应能力。[①]

---

① 赵鑫全，张勇. 新时代大学生劳动教育［M］. 北京：机械工业出版社，2021.

七、生活劳动实践

生活劳动是指可以直接满足人们生活需求、直接服务于人的劳动。随着现代科技的发展，大部分生活劳动都需要掌握一定的技能才能完成，智能、技术的领域不断延伸，逐步改变了人们的生活劳动方式，因此现代生活劳动要求人们必须具备一定的现代技术应用能力。

生活劳动分为技能性生活劳动和审美性生活劳动。技能性生活劳动就是通过操作技能改造生活资料或者生活条件以满足生活需要的劳动形式，如做饭、工具和设施的基本维护、洗衣服、清理卫生等。审美性生活劳动与技能性生活劳动并不是从劳动内容上区分的，主要是劳动的品质和层次不同。比如做饭，用集成灶将饭做熟，这就是技能性生活劳动，但是将饭做得色香味俱全，就是审美性生活劳动。再比如，利用相关工具把房间打扫得干干净净，属于技能性生活劳动；按照自己的审美标准把房间布置得漂亮美观，不仅对人的技术能力提出了要求，还要求人们具有感知、想象、鉴赏、创造等方面的能力。

大学生应树立正确的生活劳动观念。现代社会需要的是善于将动脑与动手结合起来的人。数字化时代对人们生活劳动能力的要求不仅没有削弱，反而在加强。日常生活劳动是获得人生幸福的基本能力，在飞速发展的时代，虽然劳动的方式、工具、空间、环境在发生非同寻常的变化，内涵被极大地拓展，但劳动之美不会变，劳动的幸福不会变。劳动，是获得健康生活、实现梦想的必备条件。

大学生应强化生活劳动素质。大学生在宿舍、家庭中应经常主动参与打扫卫生、清洗衣服、美化家庭、美化寝室、制作食物、修理家具、照顾家人等劳动。自己的事自己做，他人的事帮着做，公益的事争着做。用自己的劳动把自己的生活条件和学习环境整理得井井有条、整洁美观、舒适温馨。

大学生的劳动实践形式还有很多，比如社会调查、"红色之旅"学习参观、挂职锻炼等。随着时代的发展，政府机构、学校、社会组织、企业将为大学生提供更多的实践平台和实践机会，大学生自己也应该立足新时代大背景，融入社会发展和国家建设，主动担当作为，创新实践平台和形式，创造性地开展劳动实践活动，助力个人的成长成才，为社会发展、国家建设做出贡献。

第四节　大学生劳动实践安全分析

大学生要通过寒暑假期间组团或个人实践，走出校园、走进社会、感知时事国情，走好学校教育与社会教育的第一步。在实践过程中务必要树立"预防为主、安全第一"的观念，将安全意识牢固树立在心间。

一、社会实践劳动安全

（一）实践过程中的安全事项

实践前应接受社会实践相关安全培训，认真阅读《学生伤害事故处理办法》（教育部令第 12 号）以及关于外出活动方面相关的安全书籍，做好各项预防准备措施。

1. 交通安全

要乘坐正规的有安全保障的交通工具，坚决抵制非法拉客行为。严格遵守各项安全乘车规定，服从工作人员的管理。

2. 财物安全

外出实践，随身不应携带过多现金，只需留下少量零用钱。一般不要将自己的行李交给不相识的人看管。在车、船上过夜时，要将贵重物品放在自己的贴身处。如果不幸财物被盗窃，应立即向当地公安机关报案，并积极配合公安机关开展侦破工作。

3. 投宿安全

要入住有营业执照并且管理正规的旅馆或招待所，可以将贵重物品交给服务台保管。夜间不要单独出去，睡觉时门窗要锁好，不要与陌生人住在一个房间。

4. 旅途交友安全

"知人知面不知心"，"逢人只说三分话，不可全抛一片心"。不随便接受陌生人的食物和饮料，不轻易答应陌生人的约会邀请。

5. 野外安全

在实践过程中，我们需要走很多路，为了保护我们的脚，同学们需要穿合适的运动鞋。雨天路滑，要注意行走安全，遇到大风大雨，要及时躲避。

（二）意外伤害事件的处理

在实践过程中，如发生意外伤害事件，应保持沉着冷静，对现场情况进行客观分析，切不可意气用事，同时，积极配合当地相关部门处理事故，在第一时间将具体情况告知学校、老师和家长，以便学校及时、妥善处理。校团委实践部在假期要安排值班人员，帮助学生处理社会实践过程中遇到的各种问题，或联系本院实践部负责人。

1. 自身防范

社会实践前期认真进行课堂学习，熟悉相关安全事故类型，团队安全负责人必须认真参加学校组织的社会实践安全教育培训；认真学习国家《学生伤害事故处理办法》、社会实践培训相关资料，了解常见事故的处理程序；严格遵守国家的法律法规，遵守社会公德，不做违法乱纪和有损学校形象的事情，自觉遵守实践单位的规章制度；自觉保护自己及同伴的生命及财产安全，敢于指正身边同学实践过程中的不安全行为；保持手机畅通，定时和家长、学校联系；如遇突发事件，及时与学校、学院及指导老师联系。

2. 与实践单位和当地居民的接触

在进行实践策划时务必与当地提前取得联系，得到实践地的许可与支持后方可进行实践；在前期联系实践单位时，要谦恭有礼，语言上要把握好尺度；与当地居民接触时，要态度真诚，注意礼节，尊重当地的风俗习惯，最好在出发前就通过网络等途径对实践地的习俗有大致的了解，以避讳一些不适当的言行等；临别时，要向对方致谢，归还相关物品，如条件允许，还可以给对方赠送校园文化纪念品等；返校后，可以通过书信、邮件、电话、传真等方式向实践中给予自己帮助和支持的单位或个人表示感谢，并及时向实践地（单位）反馈自己的实践成果。

（三）实践过程中需整理和保存的资料

实践过程中的材料对于实践的后期总结、实践报告的撰写及实践成果转化等都有很大的帮助，一旦遗失，会造成很多不便，因此同学们在实践过程中，对于资料的整理和保存要注意以下几点：

（1）对于每天实践活动所得到的数据、访谈记录、有意义的事件、心得体会等，能够进行及时的整理，以保证实践活动的连贯性，避免由于时间太久而遗忘重要信息。

（2）对于一些纸质材料（如媒体报道材料、记录手稿等）要妥善保管，并将其统一归入特定的档案袋或文件夹中，防止散失。

（3）对于电子资料，要留存备份，防止因存储介质损坏导致资料丢失。

（4）实践中的交通票据、发票要及时留存，方便后期报销。

（四）实践过程中需向学校反馈信息

信息反馈是必要的，从同学们走出校园到平安归来的期间，需要注意以下几点：

（1）实践团队到达实践地时需向校团委实践部或院团委实践部反馈信息，实践结束后也需反馈相应的信息。

（2）时刻保持手机畅通，与家长、学校、指导教师保持联络，并及时向指导教师反馈团队安全情况、实践进展等。

（3）实践过程中，做好相片采集、实践活动记录、数据整理、实践总结、调研分析等工作。

（4）实践过程中，将团队中发生的有意义的、值得宣传的活动和事件写成电子版新闻稿，发到校团委实践部邮箱。

（5）注意收集、保存实践的原版报道，便于学校保存留档。

（6）注意实践过程中的人身安全，时刻与学校保持联系。要做好有可能出现的疾病的预防工作，并备好常用药。

实践内容在学校要求的时间内提前完成了，是不是可以提前结束？通常情况下是不允许的。同学们可在原定实践内容完成之后，对已经完成的实践内容进行进一步的总结及成果转化工作，或适当添加实践内容，使实践活动更加丰富、充实。如果在实践内容完成之后，遇到气候等不可抗力因素的影响，可提前结束实践工作。

二、职业体验劳动安全

（一）安全生产责任制

1. 内涵解析

安全生产关系到国家财产和人民群众生命的安全，关系大到一个国家，小到一个单位、一个集体的改革发展和稳定大局。随着工业技术的不断提高，各企业不断更新品种，无论是领导者还是在生产一线的技术人员，都必须跟上时代的潮流，掌握更新的生产技术和安全知识，时刻树立危机感、紧迫感、使命感、责任感，为企业保平安、求发展。珍爱生命，保障企业和国家的财产不受损失，是我们每个人都必须承担的责任。

2. 时代价值

实践证明，建立健全安全生产责任制的企业，各级领导重视安全生产、劳动保护工作，切实贯彻执行国家的安全生产、劳动保护法规，在认真负责地组织生产的同时，积极采取措施，改善劳动条件，工伤事故和职业性疾病减少。反之，安全生产责任制不健全的企业，职责不清，相互推诿，安全生产、劳动保护工作无人负责、无法进行，工伤事故与职业性疾病就会不断发生。

（二）安全技术措施计划

1. 内涵解析

安全技术措施计划（即劳动保护措施计划）是企业为了保护职工在生产过程中的安全和健康，在本年度或一定时期内根据需要而确定的改善劳动条件的项目和措施。过去，安全技术措施计划是企业生产财务计划的主要内容，现在是企业综合计划，即生产、经营、财务计划的组成部分。有计划地改善劳动条件是我国安全生产的方针、政策，也是社会主义制度优越性的具体体现。早在 20 世纪 50 年代，国家就向各企业主管部门提出编制安全技术措施计划的建议，要求各地区、产业和企业单位在编制生产财务计划时编制安全技术措施计划。经过几十年的努力，编制安全技术措施计划已经成为企业安全工作的重要内容，为企业有计划地改善劳动条件提供了有效途径。

2. 时代价值

在我国，劳动条件的改善，即为工人创造安全卫生的劳动条件仍是目前乃至今后较长一段时期需要加强的。究其原因，主要是安全技术措施未能跟上生产的发展，生产与安全工作脱节。这既有我国工业基础差、底子薄的历史遗留的客观原因，也有人们重生产、轻安全的主观原因。安全技术措施计划纳入企业生产经营、财务计划，使安全技术措施的发展与生产发展相匹配、相协调，既可克服安全生产"两张皮"的现象，又可使历史遗留的不安全、不卫生问题逐步得到解决，还能改善工作中的盲目性，使工作有的放矢。企业可以把有限的资金用在"刀刃"上，调动职工的积极性，减少编制计划过程中的盲目性、主观性，尽量避免决策失误。

（三）安全生产教育

1. 内涵解析

安全生产工作历来强调"安全第一、预防为主、综合治理"，而确保安全生产的关键之一是强化职工安全生产教育培训。对职工进行必要的安全生产教育培训，是让职工了解和掌握安全法律法规、提高职工安全技术素质、增强职工安全意识的主要途径，是保证安全生产、做好安全工作的基础。

2. 时代价值

对职工进行安全生产教育，是安全管理的一项最基本的工作，也是确保安全生产的前提条件。只有加强安全生产教育培训，不断强化全员安全生产意识，增强全员防范意识，才能筑起牢固的安全生产思想防线，才能从根本上解决生产中存在的安全隐患。安全与生产是辩证统一、相辅相成的，安全生产教育既能提高经济效益，又能保障安全生产。

（四）伤亡事故

1. 内涵解析

伤亡事故是职工在生产区域发生的和生产有关的负伤或者死亡的事故，分为因工伤亡事故和非因工伤亡事故两类。这里主要介绍因工伤亡事故。因工伤亡事故指职工为了生产和工作而发生的事故，或虽不在生产或工作岗位上，但由于企业设备和企业劳动条件不良而引起的职工伤亡。根据伤害程度，伤亡事故的种类有：轻伤事故、重伤事故、重大伤亡事故和特大伤亡事故。伤亡事故发生的直接原因有：物体打击、车辆伤害、机械伤害、起重伤害、触电（包括雷击）、淹溺、灼烫、火灾、高处坠落、坍塌、冒顶片帮、透水、放炮、气体燃料爆炸、火药爆炸、锅炉爆炸、容器爆炸、其他爆炸、中毒、窒息及其他伤害。发生伤亡事故时，必须及时报告、调查、处理。

2. 时代价值

生产安全事故报告和调查处理制度是我国劳动安全卫生工作的一项基本制度。实行这项制度的目的是及时掌握职工在生产过程中的伤亡事故情况，研究事故发生的规律，总结经验教训，采取积极的措施，防止事故的重复发生。伤亡事故的报告、统计、调查和处理必须坚持实事求是、尊重科学的原则。生产安全涉及亿万职工的健康与安全，所有人都必须重视，切实履行在生产安全工作中的职责。

参考文献

［1］付守永．工匠精神：向价值型员工进化［M］．2版．北京：中华工商联合出版社，2015.

［2］黄震．工匠精神［M］．北京：北京工业大学出版社，2017.

［3］吴顺．工匠精神：传承与创新［M］．北京：中共党史出版社，2018.

［4］李福树，姜树秀，张洪涛．劳动素养［M］．上海：上海交通大学出版社，2020.

［5］王琳，吴远志，张承安．劳动教育与职业素养［M］．北京：外语教学与研究出版社，2019.

［6］刘向兵．新时代高校劳动教育论纲［M］．北京：社会科学文献出版社，2019.

［7］何卫华，林峰．大学生劳动教育理论与实践教程［M］．厦门：厦门大学出版社，2019.

［8］徐国庆．劳动教育［M］．2版，北京：高等教育出版社，2021.

［9］赵鑫全，张勇．新时代大学生劳动教育［M］．北京：机械工业出版社，2021.

［10］朱忠义．劳动教育与实践［M］．北京：北京理工大学出版社，2020.

［11］胡颖蔓，欧彦麟．大学生劳动教育［M］．长沙：中南大学出版社，2020.

［12］刘向兵．新时代高校劳动教育的新内涵与新要求：基于习近平关于劳动的重要论述的探析［J］．中国高教研究，2018（11）.

［13］郑大发．什么是新时代的"工匠精神"［N］．人民政协报，2018-08-30.

［14］梁琚淇．劳动教育：开启个人全面发展之旅［J］．职业教育研究，2019（12）.

［15］乔东．劳模精神、劳动精神和工匠精神探析［J］．中国劳动关系

学院学报，2019，33（5）.

［16］董志峰. 夯实新时代高校劳动教育［N］. 甘肃日报，2020-
05-12.

［17］杨浪浪. 新时代劳动教育要努力做到"三化"［N］. 重庆日
报，2020-05-29.

［18］何云峰，万婕. 劳动精神的主体性阐释［J］. 思想理论教育，
2020（6）.

［19］邵月娥. 关于劳模精神、劳动精神、工匠精神的时代内涵与内在
逻辑的理论探析与实践探索［J］. 天津市工会管理干部学院学报，2020，37
（1）.

［20］梁甜甜，梁玉莲. 劳动法新论［M］. 北京：北京理工大学出版
社，2016.

［21］陈先达. 走向历史的深处：马克思历史观研究［M］. 北京：中国
人民大学出版社，2016.

［22］姚容启. 中国劳模史（1932—1979）［M］. 北京：中国工人出版
社，2020.

［23］习近平谈治国理政：第一卷［M］. 北京：外文出版社，2018.

［24］马克思恩格斯选集：第2卷［M］. 北京：人民出版社，1995.

［25］陶志勇. 新时代劳动观理论探析［J］. 工会理论研究，2020（4）.

［26］谢东俊，庄穆. "劳动创造美好生活"的理论意涵及其中国行动
［J］. 福州大学学报（哲学社会科学版），2020（4）.

［27］刘新新，闫程程. 新时代人的全面发展与美好生活的内在联系
［J］. 现代交际，2020（18）.

［28］陆文强. 创造性劳动：人类社会发展的根本力量［J］. 求是，
2006（11）.

［29］赵文静. 论"异化"在马克思主义哲学中的地位［J］. 今日湖北
（下旬刊），2014（5）.

［30］周继良，吴肖. 寻根问路：中国共产党对高校劳动教育的百年探
索与经验启示［J］. 重庆高教研究，2012，9（4）.

［31］杨伯峻. 论语译注［M］. 北京：中华书局，2006.

［32］孙海通. 庄子［M］. 北京：中华书局，2007.

［33］吴毓江. 墨子校注［M］. 北京：中华书局，2006.

［34］马克斯·韦伯. 儒教与道教［M］. 南京：江苏人民出版社，1993.

[35] 逄锦聚. 马克思劳动价值论的继承与发展 [M]. 北京：经济科学出版社，2005.

[36] 李晓庆.《诗经》与中华民族传统文化心态 [J]. 辽宁师专学报（社会科学版），2004（02）.

[37] 钟芳. 古文中的劳动之美 [J]. 新湘评论，2017（10）.

[38] 李俊霞. 劳动关系的道德基础与中国传统道德文化 [J]. 山西财经大学学报，2003，25（02）.

[39] 孟皎. 人工智能时代班墨工匠精神的传承及其教育实践 [J]. 齐齐哈尔大学学报（哲学社会科学版），2021（01）.

[40] 孔令柱，张志华.《墨子》劳动思想对高职大学生劳动教育的启示 [J]. 济南职业学院学报，2020（06）.

[41] 秦玮苡，马云天. 耕读文化传承：意义、困境与策略——基于学习文化发展的研究 [J]. 教育观察，2020，9（44）.

[42] 任广峻. 弘扬优秀儒家传统文化构建和谐劳动关系 [J]. 天津市工会管理干部学院学报，2019，36（04）.

[43] 左小凤. 新时代劳动的价值与实现研究 [D]. 广州，华南理工大学，2020.

[44] 王海亮. 当代中国劳模精神研究 [D]. 哈尔滨：哈尔滨理工大学，2019.

[45] 聂欣. 传统手工业企业"百年巧匠"工匠精神培育研究 [D]. 石家庄：河北经贸大学，2020.

[46] 刘胜梅. 新时代文明实践中传统家风家训传承研究 [J]. 泰山学院学报，2020（04）.

[47] 朱莉涛. 以传统家训家风文化滋养社会主义核心价值观 [J]. 重庆社会科学，2020（09）.

[48] 李戈瑞. 长城是中华民族复兴的文化符号 [J]. 思想理论教育，2019（11）.

[49] 王玉王. 长城文化论纲 [J]. 艺术学研究，2021（01）.

[50] 刘素杰. 长城文化遗产与新时代思想政治教育 [J]. 党史博采，2020（08）.

[51] 冯清华，卢颖. 长城文化中的民族精神传承 [J]. 人民论坛，2017（25）.

[52] 郭丽萍. 筑成我们新的长城——关于长城民族符号形成史的研究

[J]. 太原师范学院学报（社会科学版），2020，19（03）.

[53] 刘素杰. 长城精神的新时代价值蕴含及其实践途径 [J]. 长城研究，2020（02）.

[54] 黄杰. 建设大运河文化带的历史价值、时代意义与可借鉴的国际经验 [J]. 档案建设，2019（02）.

[55] 段柄仁. 流淌在大运河里的历史文化基因 [J]. 前线，2020（12）.

[56] 周文. 改革开放40年伟大成就的历史意义——中国和世界的双重视角 [J]. 浙江工业大学学报（社会科学版），2019，18（03）.

[57] 卫兴华. 新中国70年的成就与正反两方面的经验 [J]. 政治经济学评论，2020，11（01）.

[58] 刘军奎. 红旗渠精神的基本内涵及实践体现 [J]. 长治学院学报，2021，38（03）.

[59] 翟传增. 习近平三谈红旗渠精神对党的建设的意义 [J]. 安阳师范学院学报，2021（01）.

[60] 马丽萍. 航天精神助推社会主义核心价值体系日常化建设 [J]. 文教资料，2021（15）.

[61] 郭秋萍. 新时代劳动价值观的四个维度 [J]. 山东工会论坛，2020，26（03）.

[62] 廖钰. 新时代大学生劳动观塑造的主要内容——意义追寻与现实路径 [J]. 长春教育学院学报，2020（04）.

[63] 温晓年. 新时代高校劳动教育体系的构建 [J]. 天津职业大学学报，2020，29（05）.

[64] 梅寒. 新时代大学生劳动价值观教育研究 [J]. 长春教育学院学报，2020（03）.

[65] 王涛. 新时代大学生劳动教育价值体认的形成机制研究 [J]. 合肥工业大学学报（社会科学版），2020，34（05）.

[66] 陈宏建. 新时代大学生劳动情怀的涵育 [J]. 高校辅导员学刊，2020，12（06）.

[67] 胡君进，檀传宝. 马克思主义的劳动价值观与劳动教育观——经典文献的研析 [J]. 教育研究，2018（05）.

[68] 郭忠华. 马克思的历史观与"创造历史" [J]. 马克思主义研究，2009（12）.

[69] 韩莉莉, 马万利. 新时代马克思劳动观的内涵与价值 [J]. 人民论坛, 2020 (05).

[70] 姚力. 20 世纪 80 年代全国劳模表彰及其时代价值 [J]. 当代中国史研究, 2020 (05).

[71] 马其南. 新时代劳动精神的理论传承、深刻内涵及时代价值 [J]. 思想教育研究, 2020 (11).

[72] 赵浚, 田鹏颖. 新时代劳动精神的科学内涵与培育路径 [J]. 思想理论教育, 2019 (11).

[73] 程德慧. 新时代大学生劳动精神培育的时代诉求及实践转化 [J]. 河南农业, 2019 (05).

[74] 上官苗苗. 新时代劳动精神探析 [J]. 广西社会科学, 2020 (07).

[75] 张竹筠. "工匠精神" 的时代意蕴与培育路径 [J]. 南方职业教育学刊, 2020, 10 (06).

[76] 彭新武. "制造强国" 呼唤 "工匠精神" [J]. 思想理论教育, 2019 (11).

[77] 徐彦秋. 高等教育视域下新时代工匠精神培育研究 [J]. 江苏高教, 2020 (12).

[78] 高远. 工匠精神培育研究现状及展望 [J]. 扬州大学学报 (高教研究版), 2020, 24 (06).

[79] 李吉东. 墨鲁之辩——中国特色工匠精神的历史考论 [J]. 枣庄学院学报 (社会科学版), 2021, 38 (01).

[80] 邵月娥. 关于劳模精神、劳动精神、工匠精种的时代内涵与内在逻辑的理论探析与实践探索 [J]. 天津市工会管理干部学院学报, 2020, 37 (01).

[81] 乔东. 劳模精神、劳动精神和工匠精神探析 [J]. 中国劳动关系学院学报, 2019, 33 (05).

[82] 李一博. 内涵·逻辑·价值: 习近平新时代劳动观探析 [J]. 实事求是, 2021 (1).

[83] 时勘, 李秉哲, 周海明. 心理摆脱——高效工作的奥秘 [J]. 心理与健康, 2021 (8).

[84] 周海明, 陆欣欣, 时勘. 时间压力与心理摆脱的曲线关系: 特质性工作投入的调节作用 [J]. 山东科技大学学报 (社会科学版), 2020, 22 (6).

[85] 丁闵江. 劳动教育：高效心理育人的实践途径 [J]. 集美大学学报, 2021, 22 (3).

[86] 郑莉. 劳动教育对青少年积极心理品质培育的价值及影响 [J]. 经济师, 2021 (1).

[87] 刘青霞, 施庆晖. 劳动教育对心理健康教育的促进作用 [J]. 劳动经济, 2021 (24).

[88] 姚菡. 心理健康教育视角下高职院校劳动教育评价体系研究 [J]. 湖南邮电职业技术学院学报, 2021, 20 (2).

[89] 胡锦涛. 在 2010 年全国劳动模范和先进工作者表彰大会上的讲话 [N]. 人民日报, 2010-4-28 (2).

[90] 陶蕾韬. 大学生劳动教育的价值意蕴 [N]. 光明日报, 2020-5-18 (6).

[91] 孙杰. 大运河精神的时代价值 [N]. 北京日报, 2019-5-27.

[92] 蔡亚楠. 新时代大学生劳动教育研究 [D]. 保定：河北大学, 2020.

[93] 季思含. 习近平劳动观研究 [D]. 大连：东北财经大学, 2019.

[94] 巩倩倩. 习近平劳动观研究 [D]. 济南：山东大学, 2019.

[95] 陈玮琦. 马克思 "人的自由全面发展" 思想及其在中国的最新实践 [D]. 重庆：西南政法大学, 2017.

[96] 张梦迪. 马克思劳动思想与中国传统农耕文化的比较融通与发展 [D]. 武汉：中南民族大学, 2018.

[97] 汤素娥. 习近平新时代劳动观研究 [D]. 长沙：湖南大学, 2019.

[98] 周颖. 习近平劳动观研究 [D]. 合肥：安徽大学, 2020.